书山有路勤为径,优质资源伴你行
注册世纪波学院会员,享精品图书增值服务

# 方格笔记学与用

李思学 著

电子工业出版社
Publishing House of Electronics Industry
北京·BEIJING

未经许可，不得以任何方式复制或抄袭本书之部分或全部内容。
版权所有，侵权必究。

图书在版编目（CIP）数据

方格笔记学与用 / 李思学著. —北京：电子工业出版社，2021.5
ISBN 978-7-121-40963-9

Ⅰ. ①方… Ⅱ. ①李… Ⅲ. ①企业管理－人才管理－中国 Ⅳ. ①F272.92

中国版本图书馆 CIP 数据核字（2021）第 065212 号

责任编辑：杨洪军　　　　　特约编辑：田学清
印　　刷：三河市鑫金马印装有限公司
装　　订：三河市鑫金马印装有限公司
出版发行：电子工业出版社
　　　　　北京市海淀区万寿路 173 信箱　　邮编 100036
开　　本：720×1000　1/16　印张：14　　字数：167 千字
版　　次：2021 年 5 月第 1 版
印　　次：2021 年 5 月第 1 次印刷
定　　价：59.00 元

凡所购买电子工业出版社图书有缺损问题，请向购买书店调换。若书店售缺，请与本社发行部联系，联系及邮购电话：(010) 88254888，88258888。

质量投诉请发邮件至 zlts@phei.com.cn，盗版侵权举报请发邮件至 dbqq@phei.com.cn。

本书咨询联系方式：(010) 88254199，sjb@phei.com.cn。

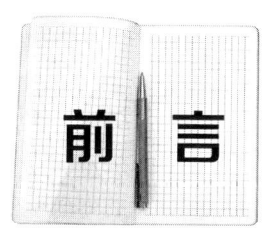

# 聪明老板爱用方格笔记

进入2020年,我发现一个有趣的现象——聪明老板爱用方格笔记。作为一名方格笔记的研习者,我发现方格笔记逐渐受到企业界人士的欢迎,颇感欣慰。

##  聪明老板的明智选择

我初识两位年轻的老板,按照惯例先寒暄几句,然后交流彼此的情况。首先,我向他们介绍自己的研究领域是学习技术,也就是研究能够帮助企业加快人才培养速度的实用方法体系——方格笔记,这是我原创的笔记体系。然后,我向他们展示了自己设计的"智慧蜡烛®"方格笔记本。没想到这两位老板说,他们见过我设计的方格笔记本。

方格笔记学与用

原来是创业导师刘百功先生曾向他们推荐过方格笔记,并赠送给他们两个方格笔记本。他们尝试使用后,感觉很实用,现在非常喜欢方格笔记了。

在此之前,我赠送给刘百功先生一些方格笔记本。刘百功先生很认可方格笔记,并向他所在公司的主要股东推荐了方格笔记。

其实,有不少企业老板在思学平台学习方格笔记之后,把这些方法运用到企业的经营管理中,已经取得了不小的成效。

当尝到运用方格笔记的"甜头"后,企业老板当然会对方格笔记交口赞誉。除了自己运用方格笔记,还有一些企业老板要求全体员工都去思学平台学习"方格笔记"课程,甚至把学习成绩纳入员工的年度考核中。

聪明老板为什么喜欢方格笔记?方格笔记有什么秘密呢?

 **方格笔记的大秘密**

对于方格笔记的价值,畅销书《智慧父母的育儿攻略》的作者马红萍(贝妈)总结得很到位。马红萍说,她喜欢方格笔记的原因主要有以下两点:

第一,方格笔记可以提升思维的质量。人在深度工作时,方格笔记可以有效地拓展思维的广度和深度,提升思维的质量,快速地产出思维成果。方格笔记本版面是A4尺寸,也就是国际通用的标准尺寸。在使用时,一个选题用对开两页,宽阔的笔记版面足够拓展思路。如果使用小号的笔记本，人在系统思考时，就会因版面限制，思路拓展不开。

第二，方格笔记可以让思维不断线。一个方格笔记本共60页，轻巧便携。即使你出差在外，在飞机或酒店等场所都能方便地使用方格笔记本，让思维不断线，充分利用碎片化的时间思考问题。因此，你可以随时通过方格笔记，将系统思考的过程转化为可观的商业成果。一些外观华丽的笔记本又笨又重，不便随身携带，造成很多有价值的想法由于没有及时记录和整理，被白白浪费掉。对知识工作者来说，这是很大的损失。

方格笔记是那些进行系统思考的老板、大学教师，以及其他知识工作者的实用工具。

无论是学生还是职场人士，记录信息和想法都是他们每天要做的工作。特别是职场管理人员，平时需要记录和整理很多的阅读任务、会议信息。如果掌握了高质量的笔记技术，那将对他们的学习和工作起到重要的作用。

从学校毕业进入职场后，很少有人意识到随着学习任务的变化，需要升级自己的学习方法和笔记技术，以应对瞬息万变的商业环境。同时，随着笔记本电脑、手机的普及，电子邮箱、云盘、微信群等网络工具的广泛运用，知识的分享方式变得很容易，个人花时间做笔记的紧迫性似乎没有过去那么突出了。

方格笔记学与用

可是，聪明老板开始使用方格笔记，并且喜欢方格笔记的原因到底是什么？

答案：**聪明不但是一种选择，而且是不断训练的结果。**

首先，聪明是一种选择。

传统笔记本又笨又重，于是，聪明老板选择让思维不断线的方格笔记本。聪明老板能够敏锐地发现传统笔记本的诸多弊端，而对实用、高效的方格笔记青睐有加。选用方格笔记可以提高团队的工作效率，这是聪明老板的明智选择。

其次，聪明是不断训练的结果。

聪明老板在方格笔记本中运用思维框架和思维工具，不断提升思维的质量，提高思维的速度，带领团队积累运用方格笔记的经验，并在此基础上绘制企业蓝图，不断发掘企业发展的可能性。

这就是聪明老板运用方格笔记后停不下来的原因。

##  方格笔记与工作成果

聪明的企业老板不但自己运用方格笔记，而且推荐企业核心团队运用方格笔记。其原因很简单，方格笔记是加快团队人才培养速度、提高人才质量的好方法，也是快速创造工作成果的好工具。

企业经营的最终目的是什么？

赢！

# 前言

赢得客户，赢得市场，赢得利润。

企业靠什么赢？

有战斗力的团队。

有战斗力的团队不是从天上掉下来的，而是培养与磨砺出来的，尤其是团队管理人才，更为难得。千军易得，一将难求，能带兵打仗的领军将才，是每个团队的稀缺资源。

企业如何培养有战斗力的团队和领军将才？

运用方格笔记。

对企业老板来说，方格笔记是加快团队人才培养速度、提高人才质量的秘密武器。

对个人来说，方格笔记是职场人士快速创造工作成果的引擎。

职场是现实的地方。

"请给我结果，用结果说话。"这是职场通用的语言和逻辑。

能够帮助企业解决问题、创造成果，职场人士才能充分地体现出他们的价值。

巴菲特的搭档查理·芒格说：如果你想获得某样东西，最可靠的方法就是让自己配得上它。

想要升职也好，加薪也罢，只有做出相应的成果，才能让自己配得上它。

如何做出成果？

如何提高自己分析问题、解决问题的能力？

答案是运用方格笔记！

## 方格笔记学与用

本书所讲的方格笔记，指的是采用 A4 方格笔记本，结合思维框架、思维工具，帮助我们加速成长、创造成果的笔记方法。方格笔记能帮助企业老板解决人才队伍培养难题，加快人才队伍培养的速度，帮助员工快速地做出工作成果，从而打造一支具有强大战斗力的精英队伍。

这样的方格笔记，聪明的老板怎能不爱它？！

思学平台的方格笔记，是为企业老板培养有战斗力的队伍而设计的笔记体系，因此逐渐受到企业老板的认可和欢迎，也就不足为奇了。

## 妙不可言的缘分

本书得以出版，是一系列因缘际会的结果。

缘，妙不可言。

2016 年，我与电子工业出版社晋晶编辑结识。她对中国特色笔记技术的选题十分感兴趣，并邀请我写一本方格笔记的书。我也早有写书的意向，于是双方一拍即合。

事非经过不知难。

写一本书并非易事，更何况这本书处在原创性的中国笔记技术的拓荒领域，创作过程非常艰难。在 2018 年、2019 年，我分别写了 6 万字左右的书稿。写完之后，我却对书稿的整体结构不满意，感觉出版的时机尚不成熟，于是方格笔记的选题被暂时搁置下来。

# 前言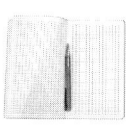

曲线前进是事情发展的规律。在本书选题被暂时搁置的期间，我更加深入地研究方格笔记的规律，同时，另外两本书的出版为本书的写作和出版积累了丰富的经验。

第一本书是 2019 年 4 月出版的《思维导图学与用》。这本书是由我和思学团队共同创作，经电子工业出版社出版的。这本书出版之后受到了大批读者的好评，持续畅销，为我积累了宝贵的畅销书写作经验。

第二本书是 2020 年 6 月出版的《如何写作一本书》。这本书是由我创作，经四川民族出版社出版的。《如何写作一本书》包含我在总结自己写作学术书和畅销书经验的基础上，梳理出的快速写作一本高质量畅销书的系统方法。这本书的创作为后续书籍的创作和出版提供了全方位的经验。

在不断总结写书经验的同时，我始终没有忘记写作本书的初心，继续不断完善方格笔记的理论体系。

为了研发"会想会做"的笔记方法体系，我借鉴了阿里巴巴、麦肯锡、丰田、谷歌等企业的管理经验，将 PDCA、OKR、甘特图、看板管理等经受考验的管理方法运用到方格笔记体系中。

在讲解本书的细节内容之前，请大家先来看一看本书的知识全景图（见图 0-1）。从整体上鸟瞰方格笔记体系的全貌，方便大家找到学习和运用方格笔记的捷径。

方格笔记学与用

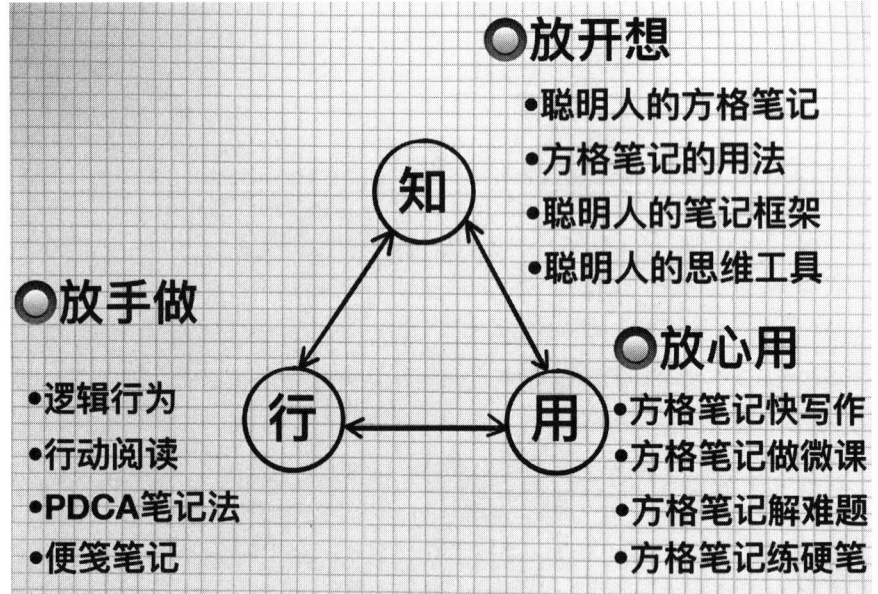

图 0-1　本书的知识全景图

方格笔记理论体系的形成和发展，不是我一个人的功劳，而是思学团队群策群力共同努力的结晶。

方格笔记基础班薛丽娜、ROSY、UNI 三位认真负责的指导老师对学员的辅导和指点，给了我很多有益的启发。

参与方格笔记训练（包括方格笔记基础班、问题分析解决班、成果笔记班）的学友们，在练习和实践方格笔记的过程中，给了我很多的灵感。特别是培训公司管理者李倩在管理工作中运用方格笔记的实践和总结，有力地验证了方格笔记的强大威力。

思学团队的阿米老师不断督促和帮助我，让方格笔记课程得以不断优化完美，也为本书的出版提供了很好的条件。

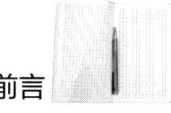

前言

  思学团队的纪卓娘在我手绘草图的基础上,把图片做成了直观的、便于大家理解的电脑图解。

  思学团队墨香老师是拥有 20 多年硬笔书法教学经验的书法老师,为本书第 12 章"方格笔记练硬笔"提供了硬笔手写示范图。

  在此,我特别感谢思学团队伙伴的支持,以及思学学员的支持!

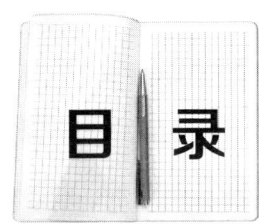

## 知篇——放开想

### 第1章 聪明人的方格笔记 /3

聪明是一种选择 /5
聪明是不断训练的结果 /8
为成果而生的方格笔记 /9
印象笔记知识管理 /11

### 第2章 方格笔记的用法 /14

方格笔记的优势 /15
方格笔记魔法公式 /18
方格笔记基础技术 /19
方格笔记运用流程 /22

方格笔记学与用

第 3 章 聪明人的笔记框架 / 26

　　学习框架 / 29

　　思维框架 / 34

　　成果框架 / 39

第 4 章 聪明人的思维工具 / 49

　　广度思维工具 / 50

　　深度思维工具 / 55

　　思维整理工具 / 56

本篇总结　方格笔记点亮思维 / 63

行篇——放手做

第 5 章 逻辑行为 / 68

　　GPS 工作法 / 69

　　确立正确的目标（G） / 75

　　刻意练习关键点（P） / 77

　　小步快跑（S） / 79

## 目录

### 第6章 行动阅读 /83

行动阅读的定义 /84

行动阅读的方法 /92

破解内容提取难题 /94

### 第7章 PDCA笔记法 /98

PDCA笔记法的概念 /99

PDCA笔记法的操作步骤 /102

"钻石四分"PDCA笔记框架注意事项 /107

### 第8章 便笺笔记 /109

便笺的由来 /109

便笺的优势 /111

便笺的用法 /113

**本篇总结 方格笔记果敢行动 /117**

## 用篇——放心用

### 第9章 方格笔记快写作 /120

快速写作的实践 /121

快速写作的流程 /123

快速写作的方法 /126

## 第 10 章　方格笔记做微课　/ 132

微课大价值 /133

主题缘于用户需求 /138

内容就是止痛药 /141

结构化备课 /144

## 第 11 章　方格笔记解难题　/ 150

学会发现问题 /151

用逻辑解决问题 /154

用创意解决问题 /162

用直觉解决问题 /167

## 第 12 章　方格笔记练硬笔　/ 173

永字八法 /174

逾字八型 /176

高频字练习 /179

孩子练字提醒 /180

**本篇总结　方格笔记目标达成　/ 182**

附录 A　方格笔记的逆旅　/183

附录 B　管理者的方格笔记修炼　/186

附录 C　方格笔记学与用®成果见证　/191

后记　中国味道的笔记体系　/199

# 知篇
## ——放开想

善出奇者,无穷如天地,不竭如江河。

——《孙子兵法》

# 方格笔记学与用

方格笔记的逻辑起点是思维认知，因此本书从"知篇"讲起。

职场人士想取得工作成果，首先要不断地获取"真知"，也就是要系统思考，让思维自动进入高效能的深度思考状态。

若要运用方格笔记实现系统思考的目标，使用者就要利用思维框架和思维工具，提高思维效能，学会放开想，让思维结构化、让成长自动化。

现在，让我们从本书的"知篇"出发，通过运用方格笔记，学会放开想，帮助自己实现系统思考的目标。

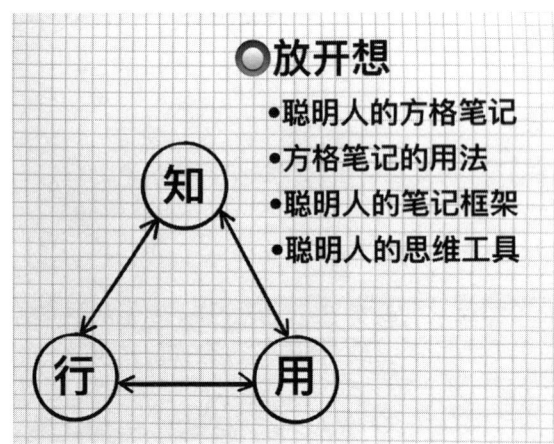

# 聪明人的方格笔记

为什么职场人士在平常的工作和学习中喜欢运用方格笔记？方格笔记到底有什么价值？要回答这两个问题，我先从两个现象讲起。

现象一：自21世纪初以来，日本学者获得诺贝尔奖人数位居世界第二位。

据媒体报道，北京时间2019年10月9日，2019年诺贝尔化学奖揭晓：约翰·班宁斯特·古迪纳夫（John. B. Goodenough）教授、斯坦利·惠廷汉姆（Stanley Whittingham）教授、吉野彰教授获奖。获奖理由是他们为锂电池的发展做了杰出贡献。

其中，日本学者吉野彰教授获奖，意味着自21世纪初以来日本获得自然科学领域的诺贝尔奖人数已增至19人，把老牌的诺贝尔奖强国——英国、德国、法国远远抛在后面，仅次于美国。

自然科学领域的诺贝尔奖，其公正性非其他领域的诺贝尔奖可比，这是被公认的事实。也可以说，自然科学领域的诺贝尔奖获得者，只能由这个领域杰出的研究者获得，他们的研究成果代表了自然科学领域的最高水平。

思考：日本学者为什么能在自然科学领域做出如此丰硕的研究成果？

现象二：自21世纪初以来，日本学者对笔记方法的研究成果层出不穷。

近几年，日本学者对笔记方法的研究成果不断涌现。除了《聪明人用方格笔记本》《鱼骨图笔记术》等诸多笔记类书籍持续畅销，子弹笔记、东大笔记、手账等笔记方法也层出不穷。相关机构调查发现，日本人喜欢做笔记，甚至达到人手一本的程度。

这些笔记类书籍和笔记方法，通过翻译版本进入中国，并产生了较大的影响。在京东、当当等网上书城，畅销的笔记类书籍，除了思维导图的书籍，笔记类书籍多数是由日本作者创作的。

中国也有一些笔记类书籍，但从影响力来说，这些笔记类书籍尚未达到《聪明人用方格笔记本》的畅销程度。

思考：日本获得诺贝尔奖的人数与"笔记类书籍"在日本的畅销是否存在因果关系呢？

虽然缺乏严谨的学术数据证实两者的关系，但是我通过研究和实践得出以下三个结论：

- 笔记术对提高成年人的学习效率和创造成果有帮助。
- 个人要提高成长进步的速度，就需要运用笔记术。

# 第1章
## 聪明人的方格笔记

- 企业要加快人才培养的速度，就需要运用笔记术。

形成并推广中国特色的方格笔记，事关中国人的学习质量，因此这是必然的趋势。

能够得出以上的结论，我不仅是通过观察日本得到的结果，还是从中国古代顶尖学府——岳麓书院得到的启迪。

## 聪明是一种选择

坐落于湖南长沙岳麓山下的岳麓书院是中国四所著名的书院之一。"惟楚有材、于斯为盛"，岳麓书院一直以其培养的人才闻名于世。

自宋代以来，尤其在1840年之后，岳麓书院培养的人才可谓群星璀璨。比如，以陶澍、魏源、贺长龄为主体的经世改革派；以曾国藩、左宗棠、郭嵩焘等为代表的洋务运动领导者；以谭嗣同、唐才常、熊希龄等为代表的维新变法志士；戊戌变法失败后出现的以黄兴、蔡锷、陈天华为代表的民主革命者；以杨昌济、范源濂等为代表的教育家等。

余秋雨曾经这样评价岳麓书院："你看整整一个清代，那些需要费脑子的事情，不就被这个山间庭院吞咽得差不多了？"

岳麓书院为什么能够培养出如此多的堪称国家栋梁的高质量人才？为此，我分别于2008年、2018年先后两次专程到岳麓书院进行现场考察。

经过认真的研究，我发现问题的答案在于岳麓书院的学规。岳麓书院的学规对学生的学习和生活做了系统、严格的规定。其中，有一条"读书必须过笔"的硬性规定是重要的原因之一。岳麓书院严格的学规约束，为学生的成才和日后获得的成就，起到了不可估量的作用。

"读书必须过笔"是岳麓书院人才培养的重要秘诀之一，也是给每位访客的启示。

关于岳麓书院的负责人（称为山长）如何指导学生做笔记，我没有找到相关的文献资料。不过，我从研究麦肯锡公司的人才培养秘诀中找到了"笔记方法可以加快人才培养速度"推论的直接证据。

作为一家世界知名的咨询公司，能够进入麦肯锡公司的人无疑都是学生中的佼佼者。但学生时代的学霸，并不能保证在职场中仍然可以一帆风顺。麦肯锡公司如何培养这些职场新人，让他们在短短几年内脱颖而出，快速地成长为独当一面的精英，并且能够做出亮眼的工作成果呢？

答案是麦肯锡公司独特的工作方法。而这个工作方法的核心就是麦肯锡公司笔记术。麦肯锡公司笔记术的主要特点，如表1-1所示。

表1-1 麦肯锡公司笔记术的主要特点

| 特　点 | 关　键　点 | 效　果 |
| --- | --- | --- |
| 结果导向 | 以解决用户问题为目的的结果导向 | 训练和提升员工的目标意识、结果意识、行动意识 |
| 运用思维框架 | 使用方格笔记本，运用麦肯锡黄金三分框架做笔记 | 员工思维结构化，主动发现问题、分析问题、解决问题 |
| 运用思维工具 | 方格笔记配合强大的思维技巧来使用，同时运用思维工具以提升员工的工作能力 | 帮助员工快速地做出工作成果 |

麦肯锡公司笔记术堪称职场笔记的典范。简单直接、快速有效是麦肯锡公司笔记术的特点。

# 第 1 章
## 聪明人的方格笔记

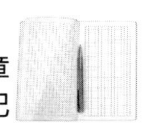

麦肯锡公司的员工使用方格笔记本，并结合独特的工作理念和严谨的工作流程，让方格笔记本变成催生工作成果的"武器"，将一切华而不实的元素用"奥卡姆"剃刀剔除，只留下思维精髓。麦肯锡笔记术是能够激发人的想象力和创造力的笔记术，也是能够产生工作成果的笔记术。当然，它成为老板和职场人士梦寐以求的职场利器。

在工作中，我们一定要做能够创造工作成果的职场笔记。高效能的职场笔记术不仅可以加速人才培养的速度，而且可以创造惊人的工作成果。

在职场笔记术方面，除了麦肯锡公司笔记术，日本丰田公司笔记术也值得我们关注。

丰田公司笔记术以极简为原则，便于员工高效地思考和沟通，广泛地应用在职场沟通、团队会议等各种工作场景中。

丰田公司笔记术的主要特点如表 1-2 所示。

表 1-2　丰田公司笔记术的主要特点

| 特　　点 | 关　键　点 | 效　　果 |
|---|---|---|
| 一览性 | 所有的资料必须整理在 1 页 A4 或者 A3 纸中。在资料的整理过程中，需要基于目的进行取舍，符合二八原则。每页纸一般分为 3~5 个主题，每个主题只有 3 点说明 | 思维结构化，提高思考和沟通效率 |
| 紧扣主题 | 以客户为导向，按照客户思考的逻辑来整理主题，紧扣主题 | 结果导向，以解决问题、创造价值为目标 |
| 框架结构 | 将子主题整理为框架结构，并分类说明。在逻辑整理的过程中，需要用到金字塔原理或者头脑风暴法 | 思维结构化和高效沟通 |

以上是岳麓书院学规、麦肯锡公司笔记术、丰田公司笔记术 3 个典型案例，分别从笔记理念、笔记体系、笔记结构 3 个方面，证明笔记术

方格笔记学与用

可以加快人才培养的速度。

首先，聪明是一种选择。

其次，聪明是不断训练的结果。

对不能提升自己能力的笔记方法，我们要谨慎选择。对能够提升自己能力的笔记方法，我们要坚持使用，并不断总结优化。这样的笔记方法将带给我们梦寐以求的成果。

##  聪明是不断训练的结果

岳麓书院有着顶尖的师资、悠久的历史和教学传统，依然把做笔记作为学规对所有师生进行严格的要求。

没有顶尖学府求学经历或者没有机会接受专业老师授业解惑的普通人，尤其是雇主没有提供严谨的笔记方法培训机会的普通员工，更需要把笔记术看作是提高学习效率和获得工作成果的关键技能，并认真地练习它。

尽管做笔记的作用很重要，但是大多数人对笔记价值的认识并不清晰。不仅普通员工对笔记价值的认识不清晰，而且大多数老板和企业管理人员对笔记价值的认识也不清晰。

大多数人对笔记方法缺乏基本的认知或者做笔记的观念还停留在学生时代。因此，无论是在笔记本的选择上，还是在笔记方法的选择上，都不能满足职场笔记的要求。

"聪明人"的方格笔记，不能只停留在复制和整合他人思想精华的阶

## 第1章
### 聪明人的方格笔记

段，而要在他人思想精华的基础上建构和产生自己的逻辑思维，并付诸行动。严格的笔记版面设定有助于记录者做出结构严谨、实用性强的笔记。坚持做方格笔记，记录者的思维能力将不断得到训练，在不知不觉中其独立思考和行动的能力将得到增强。

使用方格笔记的员工与使用传统笔记的员工，看上去只是选择上的不同，但结果产生工作效率的巨大差别。

 **为成果而生的方格笔记**

近年来，一些视觉笔记方法开始在中国流传开来，其中最为流行的是思维导图。思维导图的发明者是英国人东尼·博赞。他认为，思维导图是一种以中心图、分支、关键词、图标为主要元素的工具，在学习、记忆、沟通方面都有广泛的应用。思维导图的重要理论基础是左右脑分工理论，运用视觉化的方法组织信息，显得结构清晰、层次分明。手绘思维导图将思维逻辑和想象艺术结合起来，具有很强的魅力。由于思维导图的实用性好，它在全球范围内得到了广泛的应用。

虽然思维导图是一个非常有价值的学习工具，但是这种方法在运用时比较麻烦，至少使用三种以上的色彩，使用者出行需要带一些绘图工具。另外，这种方法对使用者的图文转换能力和形象思维有比较高的要求，特别是对初学者来说，思维导图的学习难度较大。对工作节奏快的职场人士来说，绘图工具复杂和学习难度大这两个特点，足以让很多人对思维导图望而却步了。

## 方格笔记学与用

虽然使用软件绘制思维导图的方式非常快捷，但是软件版导图呈现出来的吸引力和对使用者大脑的锻炼作用较小。尽管我从2004年到2008年都在用软件制作思维导图，但是我发现软件版思维导图对大脑锻炼的作用不大。毕竟，思维导图是"大脑使用说明书"，而不是"电脑使用说明书"。只有手绘思维导图才能起到锻炼大脑的作用。

对比思维导图在学习上和使用上的差异，方格笔记的优点显得更加突出，非常适合在忙碌的职场环境中使用。职场人士用一个本、一支笔就可以做出高质量的笔记。职场人士可以把主要的精力和时间放在产生高质量的思想和产生结果、解决问题的行动上。这不但可以节省画图的时间，而且对时间紧张和绘画水平缺乏信心的朋友来说，方格笔记显得更为实用，学习成本更低。

思维导图与方格笔记的差异对比，如表 1-3 所示。

表 1-3 方格笔记与思维导图的差异对比

| 笔记方法 | 脑科学基础 | 运用场景 | 运用效果 |
| --- | --- | --- | --- |
| 思维导图 | 全脑（偏右脑方法） | 学习、沟通、阅读、成果展示等 | 魅力呈现 |
| 方格笔记 | 全脑（偏左脑方法） | 学习、沟通、阅读、头脑风暴等 | 成果导向 |

思维导图和方格笔记是两种不同的工具，各自有不同的理论基础，各自的用途也不尽相同。思维导图与学习技巧、记忆方法相结合，而方格笔记与思维技巧相结合，能够产生很大的使用价值。在条件允许的情况下，我建议大家对这两种工具都进行学习并运用起来。它们是非常棒的学习方法和笔记体系。

从本质上来说，方格笔记是为职场人士忙碌的工作和生活量身定制的，为成果而生的笔记方法。

第 1 章
聪明人的方格笔记

##  印象笔记知识管理

方格笔记是深度思考的利器,适合快速地、高质量地生产知识成果。如果对这些知识成果进行有效的管理,就方便在需要的时候调取及利用这些知识成果。下文介绍以印象笔记为代表的电子笔记,它是有效的知识管理工具之一。

### 运用印象笔记做知识管理的优势

(1)存储量大。以应用颇广的印象笔记为例,印象笔记高级别账号,每个月允许 10GB 的流量上传资料,云端资料的下载不限制流量。知识工作者善于利用电子笔记或云端存储和整理信息。这相当于知识工作者建立了一个随身携带的"移动图书馆",在需要的时候可以随时下载、查阅和使用海量的信息,能够极大地提高知识工作者的工作效率。

(2)随时记录。印象笔记允许多个终端同步笔记信息。比如,在智能手机、笔记本电脑、平板电脑之间,只要是同一个账号,就可以上传或者下载资料。记录者只需要随身携带一部智能手机,不论何时有新的灵感,都可以及时地记录下来。同时,记录者看到有用的资料,可以随时拍照或扫描后发送到自己的账号中存储下来。这就打破了手写笔记诸如纸、笔等材料对知识成果的生产及利用的限制。

（3）便于修改。在做笔记时，写错是常见的情况。如果记录者对手写笔记进行修改，就容易造成版面脏乱，有时不得不重新抄写，反而浪费时间。印象笔记的修改功能是其最大的优势。在不同的终端中，都可以对同一个账号的内容进行修改与整理。如果平时做好记录归档工作，每周利用一段空闲时间对同一个账号的内容进行统一修改和整理，记录者的工作效率就会更高。

（4）全方位记录。现场记录的文字资料、图片、音频，以及课件，都可以备份到印象笔记中。

（5）调取便捷。在印象笔记中的资料，即使是手写资料，也可以利用搜索功能快速地查找到。

## 如何使用印象笔记

（1）统一格式的资料名称和编码。要编写统一格式的资料名称和编码，以方便后续查询和使用。

（2）随时随地记录信息，及时整理信息。随时随地记录信息，不让有用的灵感瞬间溜走。对一些零散的资料，我们可以每周利用空闲时间进行资料归档与整理。另外，我们也要对手写资料进行及时整理、拍照、归档后发送至云端。

（3）形成知识管理体系。在知识碎片化的时代，学习时间往往也是碎片化的。正因如此，我们需要有系统思维，利用印象笔记构建知识管理体系，系统化地管理和运用知识，才能彰显出知识的魅力。

# 第 1 章
## 聪明人的方格笔记

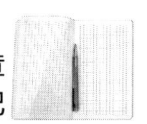

总之,印象笔记与方格笔记,各有优势,我们在工作中只有把二者结合起来使用才能发挥其作用。

我们把记忆交给云端,把创意交给大脑。也就是说,我们把存储信息的任务交给云端的电子笔记,把深度思考的任务交给方格笔记,综合利用印象笔记和方格笔记的各自优势,最大限度地提高知识产能,为职场生涯打下良好的基础。

# 方格笔记的用法

2015年，在中国人民大学访问学习期间，我和一位培训老师时常交流培训经验。当我分享《聪明人用方格笔记本》中提到的诀窍时，这位培训老师听得很用心，然后她非常高兴地网购了这本书，并准备将书中的诀窍应用在学习和工作中。

过了一段时间，我们又见面了。我询问了她关于方格笔记本使用情况。她反馈说："在没有拿到方格笔记本时，我会做笔记；当拿到方格笔记本后，反而不知道怎么做笔记了。"

这位培训老师在拿到方格笔记本时的状态，倒真实地展现了方格笔记方法的第一种境界——茫然。

国学大师王国维在《人间词话》中说：古今之成大事业、大学问者，必经过三种之境界。"昨夜西风凋碧树，独上高楼，望尽天涯路"，此第一境也。"衣带渐宽终不悔，为伊消得人憔悴"，此第二境也。"众里寻他千百度，蓦然回首，那人却在，灯火阑珊处"，此第三境也。

# 第2章
# 方格笔记的用法

王国维运用三句诗词阐述了"茫然、精进、顿悟"三种境界。这三种境界用来形容我们学习方格笔记的状态，再贴切不过了。

在刚接触方格笔记时，你往往会处于茫然的状态。同时，你心里会有很多的疑问，如"方格笔记真的有用吗？谁在用方格笔记本？方格笔记怎么用？"等问题。是的，当你不再满足于习以为常的传统笔记方法，开始探索关于笔记的"诗和远方"时，困惑、茫然是正常的反应。

一旦通过阅读或经人指点，得以洞悉"聪明人的方格笔记"的奥秘之后，你将进入"衣带渐宽终不悔"，全力以赴地练习和运用方格笔记的状态。这就是"精进"的第二种境界了。

练练不忘，必有回响。当你用心地练习方格笔记的框架和思维工具，持之以恒地坚持做刻意练习后，总有一天你会达到"顿悟"的境界，你将通过方格笔记描绘出幸福的新世界。

## 方格笔记的优势

高效能的笔记，具备"软硬兼备"的特点。聪明人既会选择符合标准的笔记本（硬件），又会选择科学的笔记方法（软件）。

方格笔记，是以麦肯锡公司笔记术为灵感媒介，创新实用笔记体系，是硬件和软件的结合体。方格笔记的硬件是指选择"智慧蜡烛®"聪明人专用的方格笔记本；方格笔记的软件是指运用方格笔记魔法公式，并使用笔记框架和思维工具。

## 方格笔记学与用

使用方格笔记本的必要性如下：

市面上的笔记本种类繁多，各种规格和尺寸的笔记本都有，大到A3、小到A6。面对如此多的款式和规格的笔记本，往往令人难以选择，于是不少人随意地选择笔记本。在日常的工作和生活中，人们有时会在A4复印纸上做一些笔记，但记录之后就到此为止，缺乏系统性的整理。人们随意地做笔记，难以归档有价值的信息，无法对花了宝贵时间记录的笔记进行有效的利用，这无疑是一个缺陷。

为了方便携带，有的朋友会选择小尺寸的笔记本。可是，这样的笔记本让思路难以展开，往往到思维即将升华的阶段因版面限制而被迫中断，这也是一种浪费。

在知识经济的时代，人们需要使用尺寸大一些的方格本（至少B5以上）进行信息的记录和整理，兼顾便捷性和实用性，让笔记很好地发挥"知识加工厂"的作用。相较于人们随意地选择笔记本甚至用A4复印纸做笔记，人们使用A4规格的方格笔记本有很大的优势：能够及时地做笔记，然后传播、分享笔记内容，让个人的智慧成为团队的共同智慧。另外，人们利用方格笔记本的方格辅助线，可以轻松地排版、制表、画图，这些细节可以极大地提高笔记的质量。

人们利用硬件并搭配配套的软件进行工作，可以获得最大化的工作成果。上文列举了方格笔记本的优势，下文将介绍方格笔记方法的优势。

方格笔记本需要搭配相应的方格笔记方法，才能获得最大化的成果。

其实，传统的笔记方法是一种被动的记录方法，学生以摘抄书本或者老师的板书为主，通过不断复习，达到巩固知识的效果。

# 第2章
## 方格笔记的用法

传统的笔记方法，虽然能够满足知识记忆方面的要求以应对考试，但是很容易导致人成为"思想复印机"。传统笔记做得越好的人，思想越僵化。虽然在学校依靠记忆取得了不错的成绩，但是没有培养出分析与解决现实问题的能力。"思想复印机"式笔记，在某种程度上是浪费时间的笔记。养成复印思想习惯的人进入职场，在工作中往往缺乏独立的见解和思维能力，不能主动发现问题，更别说能够主动解决现实问题了。这样的员工既不能为企业创造价值，个人成长的空间也会受到限制。

为了提高企业竞争力，企业往往花费高昂的费用为员工安排一些培训。如果参加培训的员工是"思想复印机"式的人，就会完全照搬书本或他人做法，生搬硬套地学习。这与企业组织员工培训以解决现实问题的初衷是背道而驰的。

其实，在进行任何有价值的学习或训练之前，最需要学习的是笔记方法。正确的笔记方法，能够帮助企业节约培训经费，助力员工创造学习的成果。节约培训经费的笔记方法，也就是能够加快员工学习成长速度的方格笔记，这应该是企业全员的必修课。

无论是在学校还是在职场，方格笔记都是记录者的工具，更是提升人的思维能力、创造力及知识整合能力的工具。方格笔记是训练大脑的工具，而不是禁锢思维的枷锁。

传统的笔记观念和笔记方法已经不能满足知识经济时代对创新型人才的需求，因此新的笔记方法——中国式方格笔记的产生，势在必行。

方格笔记是硬件、软件结合的笔记体系，是严谨的笔记运用体系。

方格笔记学与用

## 方格笔记魔法公式

下面将对方格笔记的软件进行说明。方格笔记的软件主要内容是方格笔记魔法公式：

**运用成果+∞=（思维框架+思维工具+视觉化思维）×笔记流程×运用动力**

（1）运用成果，是指在工作中取得的成果。目标导向和结果导向是方格笔记的两个特点。无穷大的工作成果是职场人士永远不可能达到的目标，但是可以作为努力的方向。职场人士以创造无穷大的工作成果为目标，激励自己不断持续改进，不断优化笔记工具，努力挖掘自己的潜能，做最好的自己。

（2）思维框架，是指方格笔记内容的主要板块区域。在方格笔记中，人们充分运用思维框架是方格笔记的一个特点。思维框架是方格笔记高效能的一个秘诀。

（3）思维工具，是指用来完成特定思考任务的思维技巧和方法，包括金字塔原理、鱼骨图、主干式思维导图等。

（4）视觉化思维，是指运用符合人的生理特点的视觉思考和视觉沟通，可以提升方格笔记的运用效能。

（5）笔记流程，是指人们在做方格笔记时，从开始到结尾的每个步骤，不断导向成果的所有笔记步骤的集合。

（6）运用动力，是指人运用思维框架和思维工具的信心与决心。人们在使用方格笔记时，要有咬定青山不放松的意志和决心。这是收获笔记、运用成果的重要条件。

第 2 章
方格笔记的用法

方格笔记魔法公式全面地体现了方格笔记体系的基本元素，便于我们理解和记忆方格笔记技术。

## 方格笔记基础技术

俗话说：基础不牢，地动山摇。要用好方格笔记，记录者掌握一些基础笔记技术是很有必要的。这些方格笔记基础技术主要包括以下 5 个方面。

### 一页一主题

一页一主题，方便记录者对信息进行归档与整理，可以让记录者的笔记思路更清晰。一页一主题，要求在一页 A4 笔记页面中，只做一个主题的笔记内容，这样可以保证主题信息的全面性和笔记内容的深入度。如果记录者预估笔记内容较多，可以选择跨页一主题。这样做笔记可以容纳 2 倍的信息量，记录者记录的内容足够丰富了。一页一主题的笔记方法，是丰田、麦肯锡这样的知名公司经过实践检验的工作方法。

### 适当留白

学会留白是有价值的笔记技巧。有的人在做笔记时喜欢把文字内容写得密密麻麻的，似乎不这样做笔记，就体现不出认真的态度。其实，内容太多的笔记，一方面容易造成大脑疲劳，连记录者自己都不想再看；

另一方面，如果记录者对主题有了新的想法或者灵感，就找不到记录的位置，难以与原有笔记形成很好的信息连接。不留白的笔记，通常是不可取的。笔记中的留白犹如国画中的留白，为后续新颖的思维成果，预留出生长的空间。

## 使用图表

在商业领域有"一图胜千言"的说法，这是对图表力量的总结。我们利用图表整合信息，可以将信息系统化、模块化，对提高方格笔记的质量是有帮助的。例如，麦肯锡公司的经典书籍《用图表说话》系统地介绍了在商务环境中使用图表的方法，读者可以加以借鉴。

## 使用项目符号

使用项目符号的作用是优化版面。常用的项目符号（见图 2-1），可以提示信息块的类别、层次，以及内容起止位置等，方便记录者分门别类地整理信息，提高方格笔记的质量，也方便记录者传达方格笔记中的内容。

图 2-1　常用的项目符号

## 第 2 章 方格笔记的用法

### 使用三种箭头

在做方格笔记时，记录者绘制箭头的作用主要是显示信息内容的因果关系。在方格笔记中，三种箭头（见图 2-2）已经足够用了。箭头可以与图表、项目符号等笔记元素共同形成引导思维的工具。在三种箭头中，推导箭头稍细，重点箭头稍粗，总结箭头可以适当放大，以达到醒目的效果。总结箭头一般放在笔记页面的右下角，其作用是提示重要的结论或行动。每页只能有一个总结箭头。在方格笔记中运用箭头，记录者通过厘清信息模块之间的因果关系，可以提升自己的逻辑思维能力。记录者在做沟通工作时，运用方格笔记容易让对方看清楚信息模块之间的因果关系，更容易让对方理解思路，以达到有效沟通的目的。

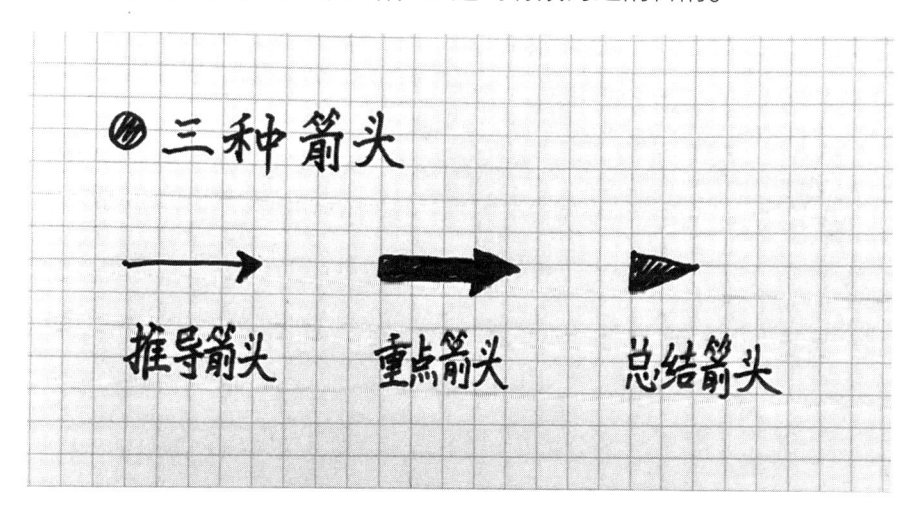

图 2-2 三种箭头

值得提醒的是，在做笔记内容时，规范的书写格式很重要。虽然记

### 方格笔记学与用

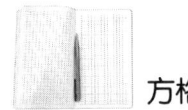

录者认真书写笔记的速度稍微慢一些，但是可以节省后续整理笔记的时间。通常，我使用正楷、行楷来书写笔记内容，不宜使用不好辨识的草书来书写笔记内容。

慢，才是快！在现实工作中，很多人在做笔记时乱写乱画，而做完笔记后，对笔记疏于整理。其实，这样的笔记在某种程度上是对时间和纸笔的浪费，实用价值不高。相反，有些人在做笔记时，用心记录，对笔记进行及时归档。这样，不但有利于个人对笔记内容的复习与巩固，而且有利于后续自己对笔记内容的应用。

也许几年后，你成为团队管理者，当你的团队伙伴面临上述类似的问题时，你可以把自己当时的笔记拿出来供团队伙伴学习与借鉴。这样，不但可以节省团队的时间，而且可以帮助团队伙伴快速成长。

## 方格笔记运用流程

"做方格笔记需要什么流程，不就是拿着笔记录吗？"不少人对做笔记的认识就是提笔记录。记录虽然是做方格笔记的主要环节之一，但并不是唯一的环节。除了记录这个动作，记录前的准备、记录时的思考、记录后的整理，都是方格笔记必不可少的环节。

斯蒂芬·柯维在《高效能人士的七个习惯》中提出，高效能人士的第一个习惯就是积极主动。积极主动是一切高效能行动的基础。记录者想要做高效能的方格笔记，首先需要发挥自己的主动性。无论是记录前、记录时还是记录后的每个环节，记录者都应积极主动地根据目标对方格

## 第2章
方格笔记的用法

笔记进行处理。这是提升笔记效果、做高质量的方格笔记的前提。

做方格笔记之前,记录者应该做一些基础的准备工作。这些准备工作主要包括以下几项。

### 学习和练习笔记方法

在现实工作中,大多数人都是在重复各自固有的笔记方法,很少想过要改进笔记方法。如果不断地重复过去低效率的笔记方法,那可能得到低效率的工作成果。与此相反的做法是,有些人对笔记方法做刻意的练习,也就是把每次做笔记都看作是学习和进步的机会。每次做笔记,都是针对个人笔记方面的不足而做刻意的练习,认真做笔记练习,不断提升笔记效果。尤其在笔记教练的指导下,有些人做刻意的练习,做笔记的效果会更好。

### 准备好笔记用品

在做方格笔记之前,除了掌握方格笔记方法,还需要准备笔记用品。笔记用品包括方格笔记本、水性笔、云端笔记工具等。除了准备专门的方格笔记本,我们可以多准备两支出水流畅、不晕染的蓝色水性笔,以避免关键时候出现缺少墨水或者写不出字的尴尬情况。为了捕捉灵感,准备一部运行流畅的智能手机,也是有必要的。一旦有了好的灵感,就可以马上用手机记录下来并同步到云端。

**方格笔记学与用**

## 明确做方格笔记的目标

先有目标，后有行动是成年人高效能工作的秘诀。在做方格笔记前，我们可以先提问题并做回答，如为什么做这次笔记，是做备忘录、积累素材，还是做项目初稿。如果我们利用画图的方式，在方格笔记本上描绘出在未来某个场景中使用这些笔记，目标明确，有的放矢，就可以帮助自己明确重点和取舍标准，提高做方格笔记的质量。

## 收集相关信息

如果是听课笔记，就可以提前收集关键的课程信息，如讲师的背景资料、课程提纲，以及个人期待在课程中讲师能解决的问题等。这些信息都是可以提前收集并预估的，我们要做到心中有数。另外，做读书笔记的准备工作与做听课笔记的准备工作类似。

## 选择良好的时机做方格笔记

我们要做高效率的、创造性的工作，平时就要注意找出自己最适合脑力工作的时间段并加以有效利用。例如，我一般选择在晨跑并用过早餐后做创造性的工作，如备课、写作等。而在中午人容易犯困，短暂的午休可以保证下午高效率的工作。在活跃大脑时，一些舒缓的轻音乐，如"罗扎诺夫高效记忆音乐"和《孤独的牧羊人》等乐曲，节奏舒缓，具有激发灵感的作用。聆听这些乐曲，有助于激发大脑活跃度，从而帮

## 第 2 章
## 方格笔记的用法

助我们快速进入高效能的工作状态。

安静舒适的环境适合做深度的笔记和思路整理，也有利于大脑激发灵感。当这些准备工作做好后，我们就可以快速进入高效能的工作状态。

我们对在做方格笔记之前的周密准备，在做笔记时的专注，以及在做完笔记后及时进行整理和归档，这三个方格笔记的环节都做好充分准备，就可以更好地做出高质量的方格笔记了。

运用方格笔记，不但可以提高我们的工作效率，而且可以提高我们的工作质量。

# 第3章

# 聪明人的笔记框架

　　提升方格笔记效能的关键在于我们要使用笔记框架。我们使用笔记框架将有效的笔记过程流程化、结构化，就可以创造当年福特汽车公司首次运用流水线组装汽车一样的效率奇迹。

　　在福特汽车公司首次运用流水线组装汽车之前，汽车生产完全是手工作坊式生产，每装配一辆汽车需要人工操作728小时。当时，福特汽车公司的汽车年产量约为12辆。

　　1913年，福特汽车公司应用创新理念和反向思维逻辑并提出运用流水线组装汽车的建议。在组装汽车时，工人将汽车底盘放在传送带上以一定的速度从一端向另一端前行。在前行中，工人先装上发动机和操控系统，然后装车厢、方向盘、仪表、车灯、车窗玻璃、车轮等零件。就这样，一辆完整的车组装完毕了。第一条流水线使每辆汽车的组装时间由原来的12小时28分钟缩短至10秒钟，生产效率大幅度提高了。

　　福特汽车公司运用流水线组装汽车，极大地提高了汽车的生产效

# 第3章
## 聪明人的笔记框架

率。这是汽车制造行业划时代的变革，也是人类文明进程中具有里程碑意义的重大变革。

那么，能不能用流水线的方式生产思维成果，以此提高思维的产出效率呢？如果我们能够在思维框架中流程化、结构化地做笔记，就可以以流水线的方式快速地生产思维成果。

我们在目标清晰、结构清楚的笔记框架中做方格笔记，在重点内容的选取、思维的质量等方面都能得到提升。

简单来说，笔记框架，就是按照类别分类、分区域地处理笔记的内容，笔记框架的作用类似于书架的作用。

如果我们家里没有书架，那书只能被胡乱摆放或打包保存。我们想要找某本书时，即使用了很长的时间也不一定能找到。如果我们把书放到书架上，分门别类地摆放，当我们想找某本书时，就可以在相应的区域快速地取出书。

书架让我们的房间井井有条，有助于我们节省查找资料或信息的时间，这是书架在我们的工作和生活中的价值。

同理，如果没有思维框架，我们很难记住知识，即使死记硬背，碎片化的知识也只能混乱地保存在大脑中。想用时找不到，过后才反应过来懊悔不已：为什么当时我没想到？

笔记框架，让我们的思想和知识井井有条，方便信息的存储与调取。这是方格笔记框架的价值。

我们在方格笔记本上运用思维框架，让思维结构化、流程化，提高思维的速度和思维成果的质量，这是方格笔记高效能的第一个秘诀。

## 方格笔记学与用

我们运用笔记框架，可以从以下两个方面提高做方格笔记的质量：

第一，重点内容的选取更加到位。内容是不是重点，关键在于记录者的目标，目标是内容是不是重点。如果没有目标，就无所谓内容是不是重点了。反之，一旦有了清晰的目标，记录者选择内容就有了取舍的标准，在捕捉关键信息时就会更准确、更有力度。笔记框架的目标栏会帮助记录者强化目标意识，这有助于记录者选取重点目标。

第二，笔记结构框架可以提高方格笔记的质量。选择合适的笔记框架，可以使笔记结构严谨，重点突出。当流程化的笔记方法被记录者通过不断的练习内化成习惯后，快速地做出高质量的方格笔记，就水到渠成了。

此外，无论是沟通还是提案，结构清晰的方格笔记都可以让人一目了然，可以减少沟通成本，提高工作效率。

根据笔记目标的不同，一般笔记框架可以分为学习框架、思考框架和成果框架三种类型。

第一种：学习框架，以康奈尔笔记框架、东大笔记框架为代表。

学习框架的作用是记录者快速地记录信息重点，同时促使自己主动思考和总结。学习框架的目标是记录者能够很好地记录内容，提升自己的思维能力和总结能力。

康奈尔笔记框架和东大笔记框架这两种笔记框架作用不尽相同，对提高笔记质量及提升记录者的总结能力、思维能力、行为能力方面各有侧重。我们可以在人生的不同阶段，针对不同的目标和任务，选择一种合适的笔记框架来使用。

# 第3章
## 聪明人的笔记框架

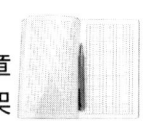

第二种：思维框架，以麦肯锡黄金三分框架为代表。

思维框架的作用是记录者利用方格笔记进行全面且有重点的独立思考，同时要输出行动计划。

第三种：成果框架。成果框架的目标是在最短的时间内，快速地输出思维成果，创造价值，达成目标。成果框架以我原创的课程开发画布和快速阅读写作画布做例证。

如果成果的类型是课程，课程开发画布就是实用的成果框架；如果成果的类型是文章，快速阅读写作画布就是实用的成果框架。

下文将详细地介绍三种类型笔记框架的用法。

## 学习框架

### 康奈尔笔记框架

康奈尔笔记框架，如图 3-1 所示。

康奈尔笔记框架源于美国康奈尔大学，后来在美国的大学和研究机构广为流传。它的基本结构是三分法，具体使用方法是两条线将笔记本单张页面分为记录区、思考区和总结区三个区域。记录区主要记录老师讲授部分的内容，或者阅读到的重点内容；思考区主要记录自己的思考、疑问、联想等相关内容；总结区主要记录总结本页笔记的重点内容和结论。

方格笔记学与用

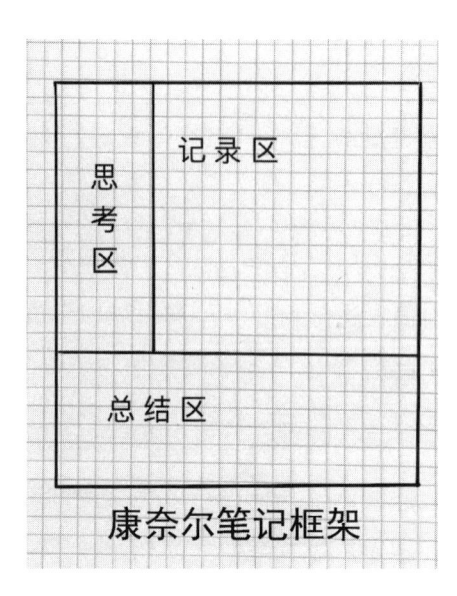

（a）模板

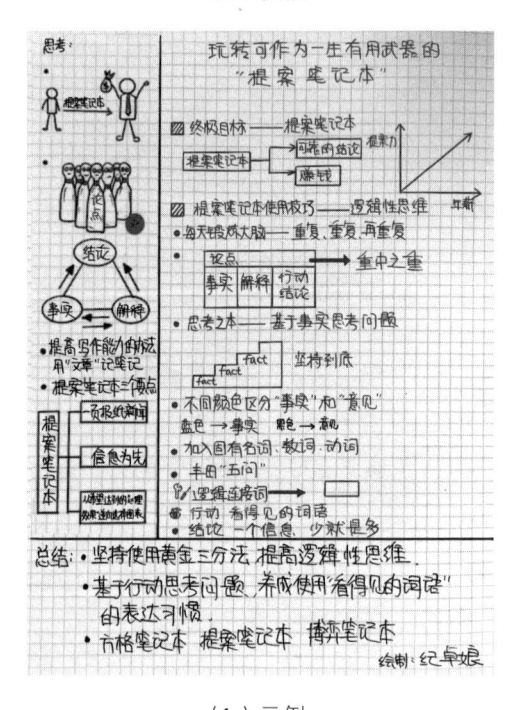

（b）示例

图 3-1　康奈尔笔记框架

# 第3章
## 聪明人的笔记框架

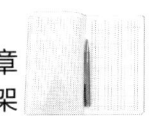

对比传统的单纯记录类型的学习笔记，康奈尔笔记框架的价值在于为记录者设计了思考和总结环节，并预留了相应的版面。如果长期运用康奈尔笔记框架做笔记，记录者的思维能力、总结能力就会经过不断地训练而得到提升。

康奈尔笔记框架侧重于信息的记录、记忆和整理，特别适用于在校师生和研究机构人员。

记录者在运用康奈尔笔记框架做笔记时，可以运用5R笔记法，具体包括以下5个步骤：

（1）记录（Record）。在听讲或阅读过程中，记录者在记录区尽量记录重要的概念、论据等讲课内容。

（2）简化（Reduce）。下课之后，记录者在思考区简明扼要地概括（简化）这些概念、论据。

（3）背诵（Recite）。记录者把记录区遮住，只根据思考区的摘记提示，尽量完整地叙述课堂上老师讲过的内容。

（4）思考（Reflect）。记录者将听课心得、疑问、联想等内容与老师讲授的内容区分开，写在卡片或笔记本的某一个单独区域，加上标题和索引，编制成提纲、摘要，分门别类地整理，并及时归档。

（5）复习（Review）。按照人脑记忆—遗忘的规律，每周花10分钟左右的时间，快速地复习笔记中的相关内容，先看思考区的内容，再适当地看记录区的内容。经过5次复习，短期记忆可以转化为长期记忆。经过5R笔记法的训练，记录者可以达到对内容快速记录、整理和记忆的目的。

**方格笔记学与用**

### 东大笔记框架

日本作家太田文在《考上第一志愿的笔记本》一书中写道，经过对 200 本东京大学录取生的笔记本进行研究分析，他发现大多数东京大学录取生会将他们的笔记本左右两页作为一页使用，并且会留出"总结区"便于日后思考和整理。东大笔记框架分为记录区、思考区和总结区，如图 3-2 所示。

- 左侧页为记录区——记录老师的板书或者记录者阅读的书籍的重点内容。
- 右侧页的左半部分为思考区——记录老师的点评、记录者的疑点和注意要点。
- 右侧页的右半部分为总结区——记录为解决这些疑点而采取的行动及相关总结。

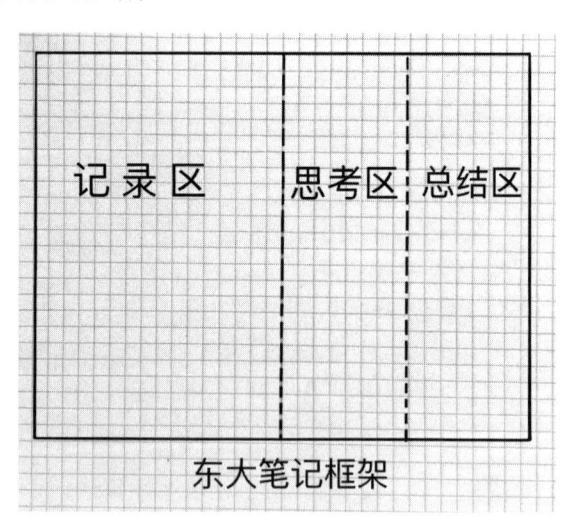

| 记 录 区 | 思考区 | 总结区 |

东大笔记框架

（a）模板
图 3-2　东大笔记框架

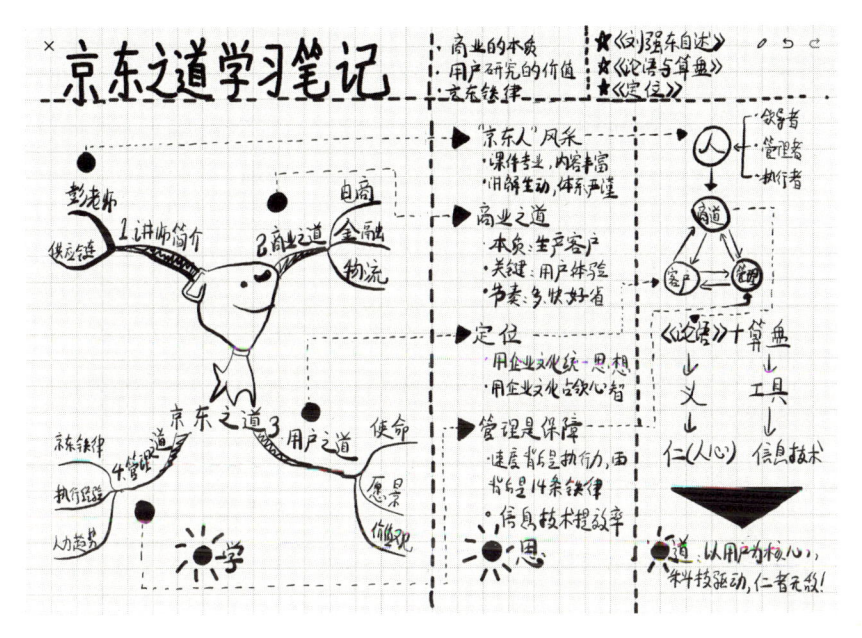

第 3 章
聪明人的笔记框架

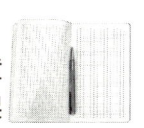

（b）示例

图 3-2 东大笔记框架（续）

东大笔记框架与康奈尔笔记框架有相似之处，它们都是用三分结构版面保障了记录者的记录、思考和总结的环节。因此，记录者坚持做这两种笔记可以提升其思维能力和总结能力。

另外，对比这两种笔记框架，我们可以看到二者在侧重点上的不同。

康奈尔笔记框架的思考区和总结区大约占版面的 30%，重点是记录区。而东大笔记框架的记录区、思考区与总结区，各占 半的版面。这样的笔记对记录者的思维要求和思维训练要求更高。在大学阶段，如果大学生坚持使用东大笔记框架，就可以很好地提升其发现问题和解决问题的能力，可以为日后进入职场养成良好的思维习惯和提升解决问题的能力打下基础。

东大笔记框架的笔记记录要求如下：

- 利用方格线画出笔记框架边线。
- 多用图表，一图胜千言。
- 注意留白，切忌做填鸭式密密麻麻的文字记录。
- 注意做索引和编号。
- 笔记段落要分明。
- 在做笔记之前要有规划。
- 笔记字迹清楚工整。

## 思维框架

思维框架是记录者在做深度思考的方格笔记时运用的笔记框架，以麦肯锡黄金三分框架（见图 3-3）为代表。

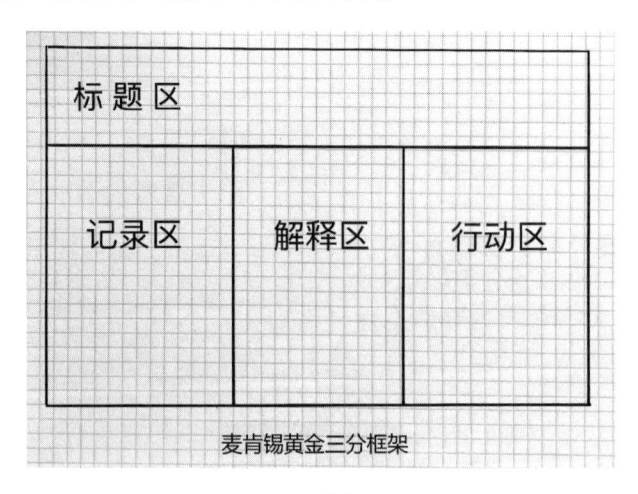

|  标题区  |||
|---|---|---|
| 记录区 | 解释区 | 行动区 |

麦肯锡黄金三分框架

（a）模板

图 3-3　麦肯锡黄金三分框架

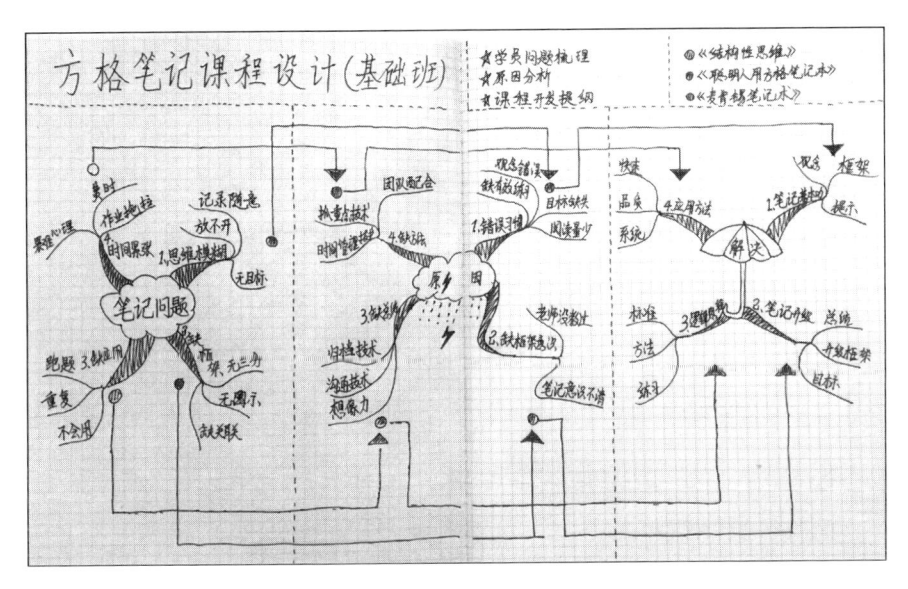

（b）示例

图 3-3　麦肯锡黄金三分框架（续）

麦肯锡公司的咨询顾问都会运用"空·雨·伞"麦肯锡黄金三分框架。"空"是指现在的情况；"雨"是指对此情况的解释；"伞"是指根据此解释而采取的行动。

过去，人们在出门之前习惯先抬头看天来观察天气情况：如果天空中的云朵有些异常，就说明天"好像要下雨了"。根据天气情况，人们判断是否"带伞出门"。这就是"空·雨·伞"。

"空·雨·伞"思考框架，正是职场人士可以努力掌握的至简思考方法。

"空·雨·伞"思考框架在方格笔记中的应用，就是将笔记版面分为标题区、记录区、解释区和行动区四个区域。标题区写标题和要点；记录区写事实、数据内容，也就是"空"的部分；解释区写思考内容，记录者对现象的解释，也就是"雨"的部分；行动区写行动计划的内容，也就是"伞"的部分。

为什么新人在加入麦肯锡公司之后，在短短两年左右时间内就可以快速成长为独当一面的人才。显而易见，麦肯锡黄金三分框架是麦肯锡公司培养新人的秘密武器。

与传统笔记、康奈尔笔记框架，以及东大笔记框架都不同，麦肯锡黄金三分框架的最大特点是在行动计划部分的设计。记录者每次做笔记一定要导出可以执行的行动计划。

只有行动才能带来结果。如果没有行动，那再好的设想也只能是美丽的泡沫。行动来自严谨的思考或者假设，严谨的思考来自客观的事实或者调研得出的数据。无论是事实、思考，还是行动，都要与工作目标——帮助客户解决问题对应起来。目标、事实、思考、行动这四个环节环环相扣，完美地体现在麦肯锡黄金三分框架中。

方格笔记与工作目标对接，首先要以客户为中心，全面细致地了解客户的需求点和关注点，消除客户心中的疑问，切实全面地从客户的角度出发思考问题和提供解决问题的办法。记录者记录的信息要有提炼和总结，要把笔记内容准确地传递给客户。记录者在笔记中做出的结论，应有可靠的论据和严密的推导过程。

麦肯锡黄金三分框架中的页眉栏部分，我习惯将其再进行细分，不同的信息内容填入对应的区域，如图 3-4 所示。

页眉栏可分为标题、要点、线索三个区域。

- 页眉栏的左侧区域写标题。注意标题字要大一些。其目的是要达到醒目的效果。

# 第3章
## 聪明人的笔记框架

- 页眉栏的中间区域，记录三条重要内容。这样，即使以后不看笔记正文，只看标题和三条重点内容，我们也可以一目了然地掌握笔记的要点。
- 页眉栏的右侧区域，写笔记线索。笔记线索包括一些有价值的参考资料、网站、书籍、文章等，既方便我们联想和回忆内容，又便于我们构建知识网络框架。

图 3-4　页眉栏书写示例

除了页眉栏，麦肯锡黄金三分框架页眉下的记录区、解释区、行动区有各自不同的要求。

在记录区，我们记录与解决问题有关的事实、数据等相关内容。例如，在做阅读笔记时，我们可以在记录区记录书籍中重点内容的提炼；我们在思考区写入根据事实建立起来的假说，也可以写想法和发现；在行动区，我们要总结通过前面的事实，对假说环节的深入思考所推导出来的行动计划。

我们要跟过去低效能的笔记说"再见"，简单、有效的方式就是从现在起，我们运用麦肯锡黄金三分框架。这是我们提高笔记质量的前提。

受习惯的影响，我们在刚开始运用麦肯锡黄金三分框架做笔记时，也许会觉得不自然，特别是对已经习惯做"思想复印机"笔记的人来讲，

## 方格笔记学与用

做黄金三分笔记要有独立的思考和主见，运用这种笔记框架是一个比较艰难的转变。

任何技能的习得都要经历一个从僵化到优化，再到固化的过程。黄金三分笔记也是这样。我们从开始的不习惯经过几次尝试慢慢地习惯之后，也许就会被这种行之有效的笔记方法所折服，再也离不开这样的笔记方法了！

如果已经习惯了"飞翔的感觉"，就再也不想回到过去"爬行的状态"了。当我们习惯了高效率且能够获得成果的笔记方法之后，就再也不习惯使用过去的笔记方法了。

无论是康奈尔笔记框架、东大笔记框架，还是麦肯锡黄金三分框架，这些笔记框架的共同点是都安排有抄录重点内容的版面，但抄录重点内容只占笔记版面中的一个区域。更重要的是，我们要通过抄录重点内容引导自己的想法和总结（行动计划）。

随着学习任务的变化，麦肯锡黄金三分框架的版面也在不断增加，麦肯锡黄金三分框架的思考区、行动区占总版面的60%以上；康奈尔笔记框架的思考区、行动区大致占总版面的30%；东大笔记框架的思考区、行动区占总版面的一半。版面的增加，意味着思考的方向和任务的转变。笔记逐步从以整理别人思想为中心任务的传统笔记转变到以产生自己的思考和行动为目的、以解决现实问题为导向的现代笔记。

在人生不同的阶段，人们面临的主要任务在不断变化，做笔记的任务也会不断发生变化。与此同时，笔记的主要框架会发生变化。

# 第3章
## 聪明人的笔记框架

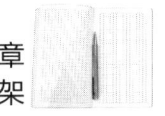

## ✏️ 成果框架

成果框架是为了快速地产出工作成果而设计的方格笔记框架。

我们在方格笔记本中利用特定的笔记框架高质量地思考、快速地呈现工作成果,这是成果框架的定义。

无论是个人还是团队,工作目标都是不同的,期待的工作成果也有不同的表现类型,比如写了多少篇文章,公众号订户有多少,团队业绩实现多少等。

例如,我的主要成果是知识产品,具体表现形式为课程、文章、书籍三种类型。为此,我设计了快速阅读写作框架、课程开发画布、高效演讲框架三种类型的成果框架。

为了产出课程、文章、书籍三种类型的知识产品,我运用的笔记框架也有所不同。但无论是哪类知识产品,我都需要厘清目标,做好定位,研究对象,运用成果框架快速地产出知识成果。

每个人期待的成果具体表现形式不同,产出笔记成果的过程和内容等细节也有一些区别,因此针对不同类型的成果,我研发并设计了不同的成果框架。

### 快速阅读写作框架

为了实现快速阅读写作的目标,我设计了快速阅读写作框架,如图3-5所示。

方格笔记学与用

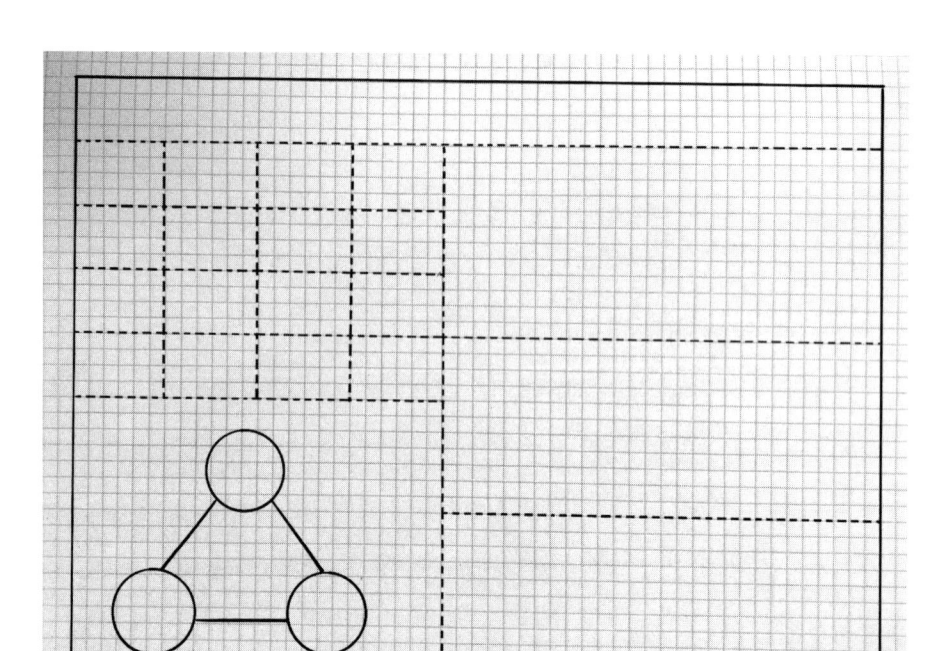

图 3-5　快速阅读写作框架

（1）框架解读。快速阅读写作框架主要分为两个区域：左边是信息输入区域；右边是内容结构整理区域。

信息输入区域：信息输入的来源既可以是记录者"头脑风暴"的内容，也可以是记录者通过阅读获得的信息要点。

内容结构整理区域：记录者运用主干式思维导图进行整理，这样可以快速地梳理出思维成果。

（2）快速阅读写作框架的运用步骤。

第1步：记录者在左边三角形区域写上自己关心的重点问题，并锁定思考的方向。

第2步：记录者快速进行头脑风暴，把想到的关键词写在左边的矩

形框区域，在一个矩形框内填写一个关键词。

第3步：记录者在写下的关键词中，挑选有助于解决问题的三个关键词，分别填写在三角形三个角上的圆圈中，用一句话总结并挑选出的三个关键词，成为问题的答案，写在三角形的外侧。

第4步：记录者以挑选出的三个关键词为核心展开联想，对每个关键词联想出的内容用一条主干式思维导图进行整理。

第5步：记录者运用讯飞语记和主干式思维导图对内容进行输出和整理。

## 课程开发画布

很多职场人士，尤其是管理者，一般会有讲课的任务。

俗语说："台上一分钟，台下十年功。"管理者想在讲台上挥洒自如地讲课，其背后是知识的积淀和用心的授课准备。课程需要在讲课实践中不断地打磨与完善。讲好课的前提是备好课，那如何才能又快又好地准备高质量的课程呢？

我设计了课程开发画布作为快速备课的武器。在方格笔记本中运用这个备课框架，是管理者提升备课效率的好方法。

课程开发画布的设计灵感来自一本名为《商业模式新生代》的好书。这本书为读者提供了用一张纸设计商业模式的系统方法。当我仔细阅读并实践书中的方法后，效果十分惊人。我对设计商业模式方案的难度是深有体会的。在攻读硕士学位时，我和我的四位同学花了整整三个月时间终于设计出一套100页的商业计划方案。当时，这个过程耗费了我们

## 方格笔记学与用

大量的时间和精力，而现在用一张纸就可以把清晰实用的商业计划方案设计出来，确实太方便了。

作为一名老师，平时备课的任务十分繁重，要快速且高质量地备课是很有挑战性的一件事。于是，我想能不能用流行于商业界的一张纸工作法进行快速且高质量地备课呢？我顺着这个思路，结合自己多年的备课经验，不断地练习和测试，最终我设计出用一张方格笔记系统化、结构化地准备好课程内容的模型——课程开发画布。经过"僵化""优化""固化"三个环节，不断练习和反复测试之后，课程开发画布的结构得以完善，并固定下来。此后，我的网课都运用课程开发画布进行设计，不仅可以保证课程内容的严谨，而且备课速度快了很多。我将这张课程开发画布分享给其他老师。我与不少老师交流后，发现这张课程开发画布也可以很好地提高他们的备课效率。

课程开发画布作为方格笔记的成果框架，是以方格笔记本为基本载体，运用结构化、流程化的方法进行课程设计的方法（见图3-6）。

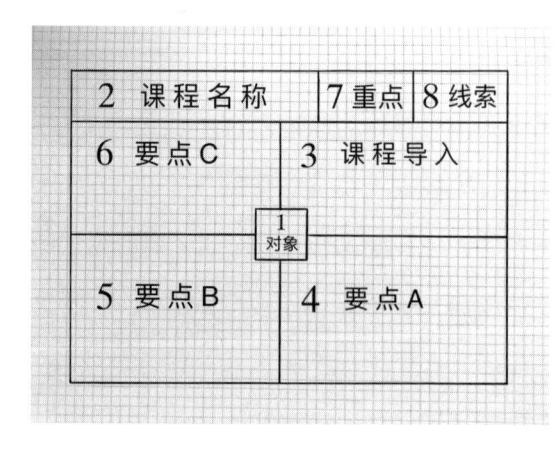

| 2 课程名称 | 7 重点 | 8 线索 |
|---|---|---|
| 6 要点C | 3 课程导入 ||
|| 1 对象 ||
| 5 要点B | 4 要点A ||

（a）模板

图3-6 课程开发画布

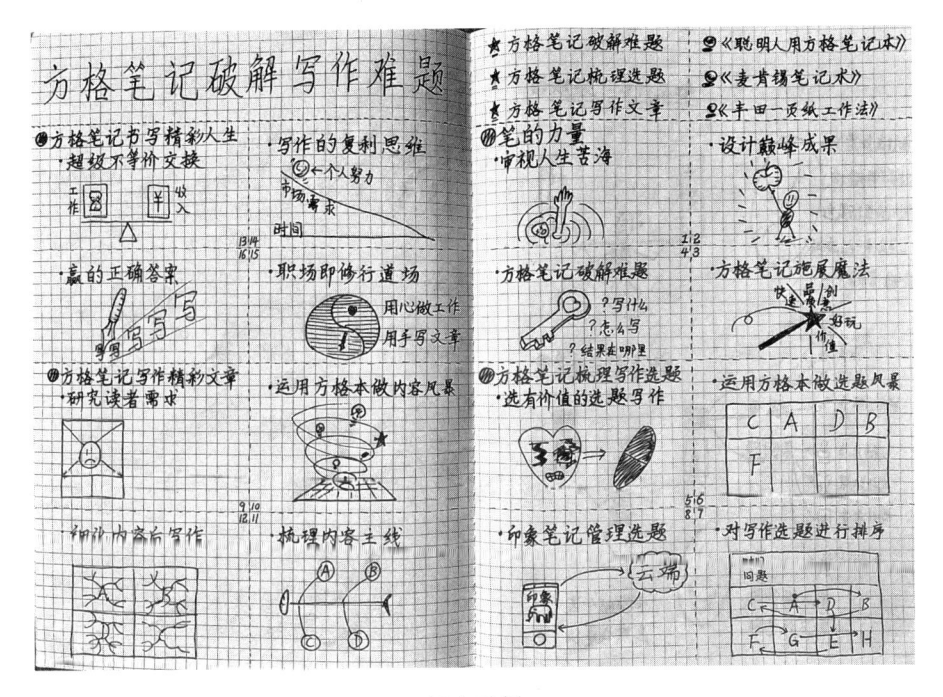

（b）示例

图 3-6　课程开发画布（续）

课程开发画布主要有 8 个模块。模块 1 是授课对象；模块 2 是课程名称；模块 3 是课程导入部分；模块 4~模块 6 是知识要点；模块 7 为课程重点提炼；模块 8 是课程的线索提示。

课程开发画布的各个模块设计如下：

模块 1 是管理者对授课对象进行分析。在对授课对象的需求进行详细分析的前提下，管理者对课程内容进行精心的设计，可以提高课程的针对性。"有的放矢"授课才能达到预期效果。如果管理者脱离授课对象而开发课程，无疑是"屠龙之技"，再先进的授课技术也避免不了空洞的结局，授课目标的实现就成了"无源之水"。在授课对象分析环节，共情图是非常实用的视觉化工具。例如，管理者将授课对象的共情图提前绘

方格笔记学与用

制或打印出来，运用便笺对授课对象进行快速的分析，然后整理并汇总相关资料，这是快速分析对象的好方法。

在运用课程开发画布时，管理者先对授课对象的需求进行分析，再开始绘制课程开发画布，其内容都是围绕授课对象的关注点进行组织并展开介绍的。在最终呈现的课程开发画布时，管理者不需要把授课对象分析模块内容绘制出来。

模块2是课程标题部分，即课程名称和授课对象。管理者可以参考相关报纸及书籍的章节标题格式填写课程名称，以字大醒目为宜，同时标题尽量简明扼要。

模块3是课程导入部分。这个部分内容就要结合授课对象的需求，做讲师情况介绍，并向授课对象简单说明课程的价值。在这个过程中，要激发授课对象对问题产生兴趣，可以从授课对象关心的问题切入课程。课程导入部分的核心是激发授课对象对内容感兴趣，建立授课对象对讲师的信任，并展示课程的知识路线图，让授课对象心中有数，避免授课对象对课程安排茫然，以至于走神影响授课效果的情况。

模块4、模块5、模块6是课程的主体部分。这三个主要模块，需要围绕课程的主题说明"2W1H"，即"是什么、为什么、怎么样"的问题。需要注意的是，课程知识要点的前后逻辑联系，用拾级而上的方法引导授课对象向前学习，切忌生搬硬套。各个知识要点之间不可以无过渡，无联系更是大忌。同时，模块6是课程的最后一个知识要点。在这部分结束后，安排复习的环节，用精彩的内容收尾，还可以设计一些课后的练习任务。

## 第 3 章
## 聪明人的笔记框架

模块 7 是课程的重点提炼。这部分要写清楚课程的重点内容，可以帮助授课对象快速回忆课程内容。这部分内容可以在课程开发的前期就确定好。

模块 8 是课程的线索提示。这部分内容可以将主要的参考书籍、文章写出来，方便授课对象后期更深入地学习和运用课程知识。

课程开发画布利用结构化、视觉化的方式帮助老师或者培训师开发课程，让他们可以简单高效地进行内容整合和逻辑梳理，促进知识生产效率的提高。

课程开发画布，不仅可以供团队使用，而且可以供个人使用。

团队使用课程开发画布的流程如下：

（1）选一位组长做整体的引导，提前设计好流程、环节时长和引导问题。

（2）组长将课程开发画布提前喷绘好或者提前画好，悬挂在大家的正前方醒目处，确保坐在最后一排的人也可以看清楚它。另外，组长可以把课程画布整体结构在方格笔记本中提前画出来，然后拍照或者扫描后通过投影设备投射到墙上。

（3）组长向参与者介绍课程开发画布的构成，每个模块的主要内容，并介绍运用流程。

（4）运用便笺做头脑风暴，群策群力，充实课程内容。

（5）优化并梳理课程内容。

（6）视觉化呈现课程内容、开发课件及各种手册。

如果是个人使用，就可以按课程开发画布的使用流程，一步一步地填写课程开发画布中的相关内容。使用者提前把课程开发画布的结构打印出来,在阅读参考资料时,将素材、灵感、观点记录到便笺上,然后将写有内容的便笺贴到相应的位置,这样后期进行内容的整理会更快捷、有效。

如果是做非正式的微信分享课,管理者就可以通过语音讲授加上一份完整的课程开发画布基本满足授课对象的需求;如果是做正式的授课,管理者需要将课程开发画布的内容分解并制作成PPT课件,PPT课件配备管理者的语音讲解,能够起到很好的讲授效果;如果是做团队培训课程,管理者就需要制作包括讲师课件、讲师手册、学员手册、宣传文档等系统化的培训资料。

无论运用的目的是什么,严谨的逻辑结构都是课程的核心要素。课程开发画布可以简单快捷地呈现课程的整体逻辑。因此,它是很有价值的课程设计工具。

我们运用方格笔记,并使用课程开发画布的框架设计课程,可以极大地提高课程开发的效率。

## 高效演讲框架

演讲能力是很多人迫切需要提升的技能。在工作和生活中,有很多需要人们运用语言说服别人的场合。如果是一人对多人的说服,就是演讲;如果是一人对一人的说服,就叫作"沟通"。

无论是演讲,还是沟通,演讲者或者沟通者都需要提前做好准备。

一般,即兴演讲比较有难度。不过,如果演讲者把演讲的结构框架

第 3 章
聪明人的笔记框架

牢记在心，就能快速地准备好演讲的内容。

如何提升演讲能力？这就需要演讲者平常不断地练习高效演讲框架（见图3-7），将演讲框架熟记于心。在演讲的场合，演讲者可以驾轻就熟地演讲。

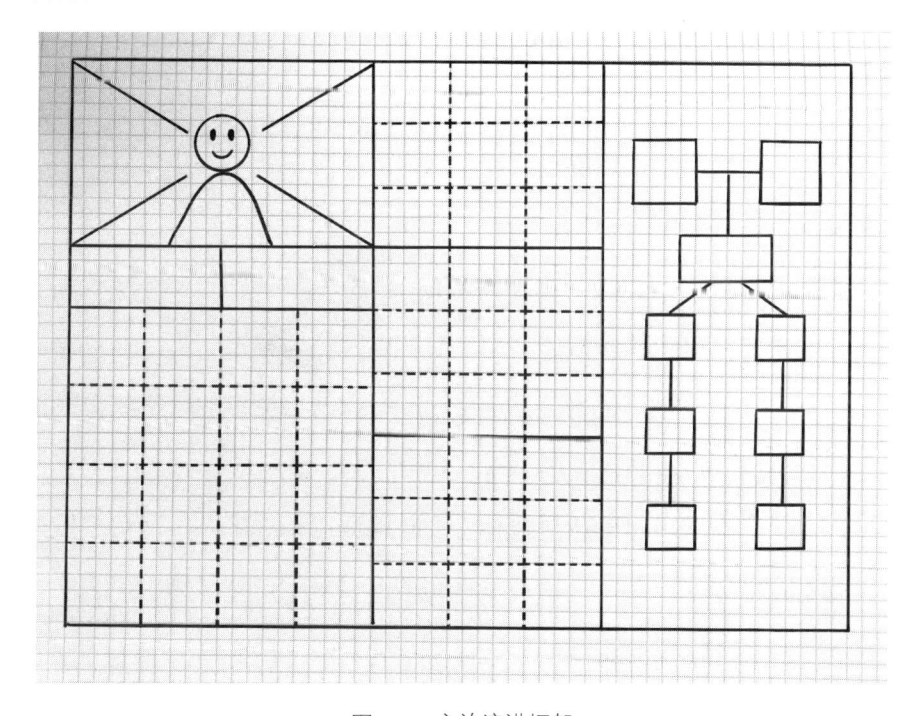

图 3-7　高效演讲框架

演讲的目的在于促成听众产生行动。无论这个行动是听众购买公司的产品、认同演讲者的观点，还是单纯的点赞行为，听众都能产生一定的行动。

如何快速地准备演讲稿的内容？

演讲者运用高效演讲框架来设计演讲稿的内容，是简单快捷地准备演讲的方法。

## 方格笔记学与用

高效演讲框架的操作步骤如下：

（1）画出结构图。

（2）分析听众的需求点。

（3）围绕着听众需求点，做头脑风暴。

（4）将头脑风暴的内容概括成三个要点，然后围绕三个要点做九宫格头脑风暴。

（5）将九宫格头脑风暴的内容整理成右侧的演讲机器人格式。

（6）撰写并雕琢演讲稿，不断进行演讲主题的相关练习。

（7）现场演讲，并收获演讲成果。

在探索方格笔记体系的过程中，我不断总结方格笔记的使用经验，在已经学习到的方格笔记框架基础上，逐渐探索出更多的方格笔记成果框架。

只要我们围绕自己的成果目标，不断地运用和总结方格笔记成果框架的经验，就可以逐渐设计出适合自己的方格笔记成果框架。

# 第4章

# 聪明人的思维工具

在方格笔记中运用笔记框架是方格笔记高效能的一个秘诀；而运用思维工具，是方格笔记的另一个重要使用技巧。

在此，我们不妨先思考工具对工作和生活的重要性。

在工作和生活中，我们会用到很多的工具，如在家里切菜时会用到菜刀，在出行时会乘坐轿车或者公交车。它们虽然有厨具、交通工具等不同类别的名称，但在本质上它们都是工具。

如果我们充分利用这些不同用途的工具，那我们的工作和生活会变得更有效率。

在做方格笔记时，我们可以通过使用思维工具，让我们的思维更有灵活、工作效率更高。

针对不同的笔记运用目的，有不同的思维工具可供选择。在方格笔记中，我们会用到的思维工具主要有以下三类。

- 广度思维工具。拓展思维广泛程度的工具，即广度思维工具，以头脑风暴、水平思考等思维方法为代表。

- 深度思维工具。拓展思维深入程度的思维工具，就是深度思维工具，以丰田五问法为代表。
- 结构思维工具。以金字塔原理、鱼骨图为代表的结构思维工具，让人的思维严谨，有层次和重点。

是否在方格笔记中运用思维工具，是方格笔记使用高手和一般学习者的重要区别。

## 广度思维工具

广度思维工具，可以起到拓展思维广度的作用。在方格笔记中，人们运用广度思维工具可以发掘更多的潜在机会，避免思维出现重大的盲区和遗漏的情况。

下文介绍的广度思维工具就是头脑风暴。

### 头脑风暴

20世纪40年代，"创造工程之父"奥斯本在其 *Your Creative Power* 书中将头脑风暴作为一种开发创造力的技法正式提出来。奥斯本借用这个概念比喻思维高度活跃，打破常规的思维方式而产生大量的创造性设想。

后来，头脑风暴被作为一种方法，广泛地运用于商业领域，并在随后的商业活动中得到了发展，尤其在创造性工作的领域中得到拓展。

现在，我们通常说的"头脑风暴法"，是指将不同专业与背景的人集

## 第4章 聪明人的思维工具

中在一起，让他们汇集群智，思维相互碰撞，获得新创造、新构思的方法。这是一种名副其实的、集思广益的方法，能使每个参与者在决策的过程中，思维相互碰撞，迸发出思维火花，形成创造性的解决问题方案。

头脑风暴的优点是团队或个人能够在短时间内产生大量的创意，然后可以在多个创意的基础上选择最优项。头脑风暴的方式既可以以团队方式开展，也可以一个人单独开展。无论是团队还是个人开展头脑风暴，都应遵循一定的原则、规则和步骤。

（1）团队头脑风暴的原则。

① 锁定目标：思考和发言都围绕着一个中心议题，畅所欲言。

② 数量优先：在允许的时间内，尽可能收集大量的观点。

③ 不评价：无论是好的观点还是不好的观点，组织者都不要对观点做任何的评价。

④ 鼓励"搭便车"：在他人（或现有）观点的基础上，参与者提出更加完善的观点。

（2）团队头脑风暴的规则。

① 头脑风暴可分成几个轮次（视具体情况而定）进行，每个轮次每位参考者至少提出一个观点或想法。如果没有想法则本轮轮空，参与者参与下一轮头脑风暴。

② 组织者不要对参与者提出的观点做任何的评价。

③ 每轮次结束后，组织者要对中心议题进行回顾，确保参与者提出的观点符合中心议题。

④ 组织者要将所有观点记录下来，并对每个观点进行概述，确保组

织者记录的内容与参与者表达的内容保持一致。

⑤ 组织者制造一些幽默，保持团队积极的、活跃的气氛。

（3）团队头脑风暴的步骤。

① 确定讨论的中心议题。

② 确定参与的人员名单（与中心议题相关的人、对中心议题感兴趣的人）和人数（一般每组 6~8 人）。

③ 开展头脑风暴（参见团队头脑风暴的规则）。

④ 整理观点。

- 组织者对观点进行分类，将意思相近的观点进行合并。
- 制定评价指标，评价所有的观点，从而确定合理的行动方案并付之行动。

个人头脑风暴的原则、规则和步骤与团队头脑风暴相似，只是头脑风暴的主体由多人变成个人。为了避免个人独自思考出现重大思维盲点的情况，个人可以使用一些更专业化的创造性思维工具解决思维广度的问题，如六项思考帽等。

## 六项思考帽

六项思考帽是爱德华·德博诺博士开发的一种思维训练模式。团队运用六项思考帽，将会使混乱的思考变得更清晰，使团队中无意义的争论变成集思广益的创意，使每个人具有创造力。

六项思考帽的原理是使思考朝着不同的方向前进，但要使团队可以在同一时间聚焦于问题的一个方面，这对提升团队的思考和沟通效率是

# 第4章
## 聪明人的思维工具

非常有帮助的。当团队对主题进行分解后,再按照每种思维方向对同一事物进行深入思考,最终得到对问题全局的整体思维方式。

六项思考帽就是从事实、逻辑可能性、感情、积极、创新、行动步骤等六个方向对问题全局进行思考的方法。六项思考帽具体的指向是:

(1)黑色思考帽。黑色思考帽代表逻辑上的否定,象征着谨慎、批评,以及对风险的评估。在思考过程中,个人和团队运用黑帽思考帽的主要目的有两个:发现缺点和做出评价。在思考中有什么错误?这件事可能的结果是什么?黑色思考帽思维有检查的功能。我们可以用它来检查证据、逻辑、可能性、影响、适用性和缺点。

(2)白色思考帽。白色思考帽代表中立而客观的思考方法,代表信息、事实和数据的挖掘过程;个人或团队在思考过程中运用白色思考帽时,也就是努力发现可靠的信息和事实,为思考和决策提供事实依据;在思考过程中,运用白帽思维,我们要牢记三个问题:我们现在有什么信息?我们还需要什么信息?我们怎么得到需要的信息?这些信息的种类包括确凿的事实、需要验证的数据,也包括坊间的传闻,以及个人的观点以及调研得到的他人观点等。通常,读者熟知的"以事实为依据""没有调查,就没有发言权"等说法,都表达了白色思考帽代表的客观思考方式的重要性。

(3)红色思考帽。红色思考帽是主观的意见表达,代表个人或团队对某件事或某种观点的预感、直觉和印象的直接表达。它既不是事实也不是逻辑思考;它与不偏不倚的、客观的、不带感情色彩的白色思考帽相反。红色思考帽就像一面镜子,反映人们的真实感受。红色思

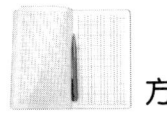

考帽是一项与情感有关的思考帽。

（4）黄色思考帽。黄色思考帽代表事物积极性的有关的探讨。在使用黄色思考帽时，个人或团队可以通过以下问题拓展思路：目前有哪些积极因素？事情存在哪些有价值的方面？这个理念没有什么特别吸引人的地方？这样可行吗？

（5）蓝色思考帽。蓝色思考帽是对事态全局的思考。蓝色思考帽是"控制帽"，掌握思维过程，被视为"过程控制"。蓝色思考帽常在思考的开始、中间和结束时使用。个人或者团队用蓝色思考帽来定义目的，制订思维计划，观察和做结论，决定下一步行动计划。在使用蓝色思考帽时，我们要时刻想到下列问题拓展思路：我们的议程是怎样的？我们下一步怎么行动？我们现在使用的是哪一项思考帽？我们现在有哪些结论？我们的决定是什么？

（6）绿色思考帽。绿色思考帽不需要以逻辑性为基础；允许个人或团队做出各种的假设思考方法。在使用绿色思考帽时，我们可以通过下列问题拓展思路：我们还有其他方法来做这件事吗？我们还能做其他什么事情吗？有什么可能发生的事情吗？什么方法可以克服我们遇到的困难？绿色思考帽可以帮助我们寻求新方案和备选方案，为新思路的生长提供时间和空间。

不同颜色的帽子分别代表着不同的思考方向，在同一个时间中，聚焦于思维的一个特定侧面，可以让思考过程更聚焦，让思考更有质量。六项思考帽的方法，可以个人单独使用，也可以以团队共创的方式来使用。如果是个人单独使用，就可以帮助个人快速地开阔视野，从而有助

## 第 4 章 聪明人的思维工具

于自己快速地找到解决问题的方法,或者快速地做出工作成果。如果是以团队共创的方式使用,就可以让团队伙伴消弭分歧,实现高效率的思考和沟通。

## ✎ 深度思维工具

深度思维工具是用来拓展思维的深入程度的思维工具。

深度思维工具,以"丰田五问法"为代表。

丰田汽车公司在管理上推行的"丰田五问法",是非常好的拓展思维深度的思维工具。"丰田五问法"源于某一次丰田汽车公司前副社长大野耐一发现一条生产线上的机器总是停转。停转的原因是保险丝烧断了。虽然每次及时更换了保险丝,但是用不了多久保险丝又会被烧断,严重地影响了整条生产线的生产效率。也就是说,更换保险丝并没有解决根本问题。于是,大野耐一与工人进行以下对话。

大野耐一问:"为什么机器停了?"工人回答:"因为超过了负荷,所以保险丝就烧断了。"

大野耐一问:"为什么超负荷呢?"工人回答:"因为轴承的润滑不够。"

大野耐一问:"为什么润滑不够?"工人回答:"因为润滑泵吸不上油来。"

大野耐一问:"为什么吸不上油来?"工人回答:"因为油泵轴磨损后松动了。"

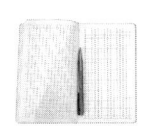

大野耐一问："为什么磨损了呢？"工人回答："因为没有安装过滤器，混进了铁屑等杂质。"

经过五次连续不断的追问"为什么"，最终找到了问题的真正原因，也找到了解决的方法——在油泵轴上安装过滤器。

如果工人没有这种追根溯源的精神发掘问题就会像以往一样，只是更换保险丝草草了事，真正的问题还是没有得到解决。

"丰田五问法"是一种通过连续提出问题来确定问题发生的根本原因的方法。它成为丰田汽车公司成功的重要法则之一，被称为"丰田科学方法的基础"。丰田汽车公司所有员工坚持运用"丰田五问法"，不论是公司高层还是基层员工，遇到问题都必须填写"丰田五问法"的表单，每层提问都要给出相应的解决办法，并找到问题的根源。

在分析问题的环节，如果能够这样层层深入地提问，就会让分析更加深入、具体，可以帮助我们一直深入问题的核心。

使用者在做方格笔记时，运用"丰田五问法"对问题的每个层级，都设计相应的解决问题的对策，标本兼治，有助于帮助自己很好地思考和解决问题。

## 思维整理工具

无论是个人还是团队，对通过创造性思维产生的信息或者收集的数据，都需要进行思维整理。

思维整理的过程就是优化信息结构，也是提升思维成果价值的过程。

第 4 章
聪明人的思维工具

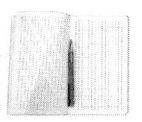

整理信息的价值，不妨以碳原子的构造为例进行说明。虽然煤和钻石的基本元素同为碳元素，但碳元素的不同分子结构形成的煤和钻石，其价格甚至有成百上千的差别。

与此类似，相同的信息内容，也会因其构成的信息结构不同，产生天壤之别的价值。

我们通过头脑风暴得出的信息，加以结构化整理，其价值可以像钻石一样宝贵。

我们运用方格笔记整理信息的基本思维工具是金字塔原理，变形思维工具有主干式思维导图、鱼骨图等类型。

下文将介绍金字塔原理。

## 金字塔原理

麦肯锡公司前咨询师芭芭拉·明托在《金字塔原理》书中有这样的判断：凡是结构清晰的表达，都是符合金字塔原理的要求；凡是结构不清晰的表达，都是因为不符合金字塔原理的要求。

这句话的意思是，无论是报纸上那些严谨的评论员文章还是你写能的升职报告，都必须符合金字塔原理的要求；而职场中的文章、演讲之所以混乱，是因为它们不符合金字塔原理的要求。

金字塔原理的要求就是逻辑思维的标准。

我们在沟通和表达时，运用金字塔原理，应注意以下 4 个事项。

（1）结论先行。先说结论或者先说重点，用一句话总结结论，最好你在 15 秒内就可以把结论说出来。15 秒钟说结论的情景源于"电梯测试",就是从 15 楼到 1 楼,乘坐电梯大约 15 秒钟。你能用这么短的时间说服你的客户买单吗?

(2)以上统下。上一级信息是下一级信息的总结,下一级的信息是上一级信息的支撑。金字塔原理底层的信息是事实,最上一层级的信息是结论。以上统下,帮助我们在写作和表达时,不但有明确的结论,而且有坚如磐石的事实做基础。无论是口头表达还是文字表达,都有理有据、可靠严谨。

(3)归类分组。要做区分,将信息分为大类和小类。每个类别都清晰有条理,以不重、不漏为标准,避免表达中的重大盲点。特别是在 A、B、C 这个层级是文章和论述的主线,更要符合不重、不漏的标准。

(4)排序逻辑。我们对各个层面的信息要进行排序,也就是先后顺序的安排。在 A、B、C 这个层级或者其他的任何一个独立的信息块,只能用"并联"或者"串联"两种方式中的一种方式组织信息。

如果我们将金字塔原理的基本模型和四个结构化特征牢记于心,就可以建立逻辑思考的基本标准。

例如,我们在听课时,如果感觉讲师的表达比较混乱,只要心中牢记金字塔原理的基本模型和标准,就可以快速地抓住讲师说的重点。

在写作时,我们可以根据金字塔原理的标准写出清晰、严谨的文章。

如果有人写报告的思路比较混乱,我们就可以根据金字塔原理的标准,帮助他(她)快速地改稿。

在此讲一个运用金字塔原理的案例。有一次,我为一家大型央企的班组长做"金字塔原理与有效沟通"课程培训。我走上讲台,简单地问

## 第4章
## 聪明人的思维工具

好后，我的开场白是：这两天我们学什么呢？我们学习和练习这个金字塔原理。我们的学习目标是在两天之后，在座诸位可以达到给领导改稿子的逻辑水平！

这家央企的班组长属于基层管理者，他们的学历、文化程度一般。而这家央企的领导，不乏清华大学、中国科技大学、哈尔滨工业大学毕业的博士后，还有院士级别德高望重的老专家。班组长对自己能达到给领导改稿的逻辑思维水平，没有信心。因此，班组长对我的开场白，第一反应是疑惑，更多的是缺乏自信。

他们不敢相信，在短短两天的学习时间内，自己的逻辑思维能力真的能有这么大突破吗？

其实，班组长们不知道的情况是，在这次培训之前，我已经为他们的所有领导秘书（储备领导）共80多人分两次培训了"金字塔原理与有效沟通"的课程。培训效果得到所有领导秘书的高度认可。然后，这家央企专门安排了针对班组长的课程培训。

第二天下午，在课程总结时，受训的班组长代表说：刚开始上课的时候，老师说两天之后我们能够达到给领导改稿的逻辑水平，我是不敢相信的，以为老师在"吹牛"。现在，通过两天的学习和练习，我相信，我们都具备了改稿的逻辑水平，哪怕领导的稿子，我们也有修改的方法，因为我们掌握了金字塔原理的标准。

对班组长代表的总结，你感觉奇怪吗？其实并不奇怪，真正掌握了金字塔原理的标准，每个人都可以达到给领导改稿的逻辑水平，这就是建立逻辑标准的力量！

方格笔记学与用

## 主干式思维导图

除了金字塔原理，我们还可以用主干式思维导图来快速整理信息。

主干式思维导图属于手绘思维导图的其中一种类型。

主干式思维导图只需要有关键词、线条两种要素，显得更简单。信息从一条主干延伸出来，包括主干线条和分类信息的关键词。这种看上去不太规范却非常实用的思维导图就是主干式思维导图，如图 4-1 所示。

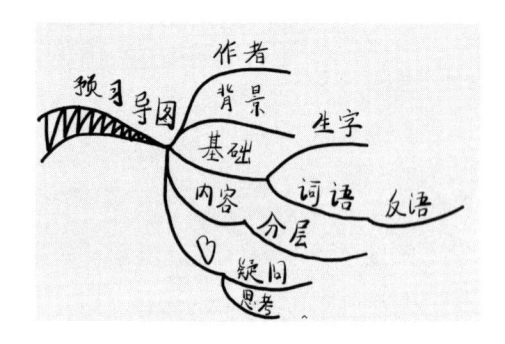

图 4-1　主干式思维导图（薛丽娜创作）

主干式思维导图是成果导向的思维导图。简单实用是主干式思维导图最大的特点，也是快速运用思维导图主要的优势。

在运用主干式思维导图时，学习者省略了多数职场人士不擅长的中心图绘制过程。学习者可以将精力用在学习内容的学习、理解和运用上，这符合快节奏地运用思维导图的要求。

主干式思维导图的练习和运用方法非常简单，不会出现打击学习者绘画自信心的问题。学习者应把主干式思维导图当作一种实用的学习工具，而不是相互攀比绘画技巧的炫耀手段。主干式思维导图符合职场人士的学习要求。

# 第4章
## 聪明人的思维工具

主干式思维导图的绘制方法非常简单。学习者不需要购买专业的画图本。除了作业本，学习者在教材的空白处也可以快速地绘制主干式思维导图。学习者只需要练习几次就能够掌握要领了。学习者既不需要花大量的时间来练习，也不需要太多的色彩笔，一支笔就可以满足绘制的需要，免去带一堆色彩笔的麻烦，也可以避免因换笔对思路的干扰。

总之，非常实用的主干式思维导图，可以帮助我们快速地整理信息，从而达到提高工作效率的效果。

## 鱼骨图

除金字塔结构原理、主干式思维导图外，鱼骨图（见图4-2）也是整理信息的好工具。

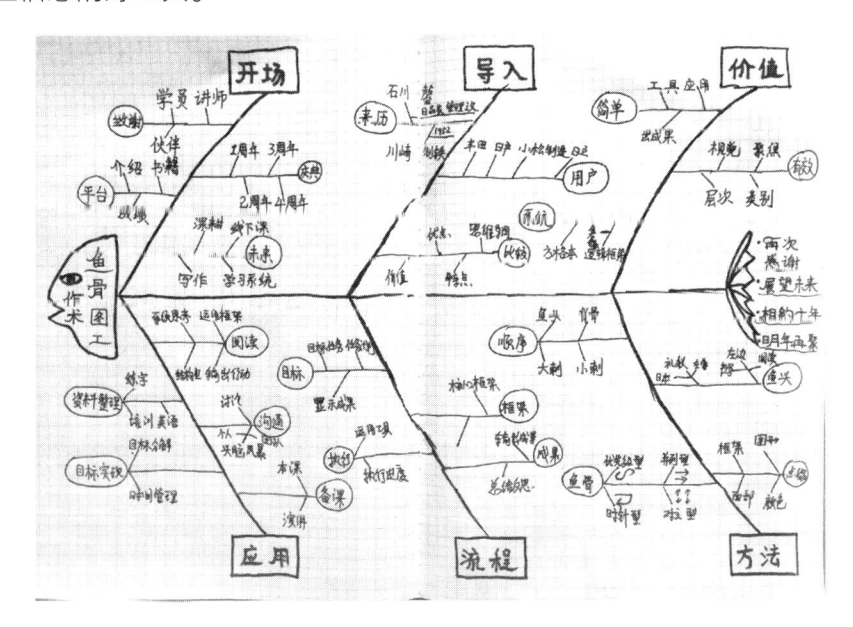

图4-2　鱼骨图

## 方格笔记学与用

鱼骨图是由日本管理大师石川馨先生发明的思维工具，故又名"石川图"。鱼骨图是一种发现问题根本原因的方法，又称"Ishikawa"或"因果图"。

鱼骨图的使用步骤如下：

（1）查找要解决的问题。

（2）把问题写在鱼骨的头部。

（3）召集参与者共同讨论，尽可能多地找出问题。

（4）将问题分组，在鱼骨上依次标出。

（5）根据不同的问题类型征求大家的意见，探讨发生问题的原因。

（6）针对问题的原因，追问为什么？这样至少深入 5 个层次（连续问 5 个问题）。

（7）当深入到第 5 个层次后，认为无法继续进行时，列出这些问题的原因，然后列出多个解决问题的方法。

## 本篇总结

## 方格笔记点亮思维

　　本篇的讲解，帮助读者认识到传统笔记的弊端，也认识到方格笔记的价值。我们在开始尝试新笔记方法的同时，与传统的笔记方法"挥别"。

　　要提高思维质量，关键在于我们在方格笔记中运用思维框架和思维工具。运用思维框架让方格笔记内容严谨地对接目标成果；运用思维工具可以提升思维效率。知识经济时代，我们在方格笔记中运用思维框架和思维工具的作用如同农业社会使用农具、工业社会使用机器的作用一样，能有效地提高使用者的知识生产效率。读者可以选择合适的思维框架和思维工具，以提高日常工作的速度和质量。

# 行篇
## ——放手做

动手一下,成事一半。

——西班牙谚语

## 行篇
## ——放手做

职场是一个注重工作成效的地方。

领导说,请给我结果;客户说,请帮我解决问题。

怎样才能做出成果、解决问题?

唯有行动!

唯有行动,才能解决问题。

唯有行动,才能创造价值。

唯有行动,才能收获成果。

在做笔记时,没有想法是不行的,但只有想法也是不够的。

我们除了通过做方格笔记实现系统思维,还需要通过方格笔记梳理出行动办法。通过行动达到解决问题、取得成果的目标。

由此,我们需要在"放开想"的笔记基础上,升级方格笔记,要将方格笔记升级为能帮助个人和团队"放手做"的笔记体系。

发明家爱迪生每当有了好的发明灵感之后,他就会组织团队来执行发明灵感。行动是天才发明家爱迪生的创新秘诀。行动和执行才是创新的关键所在。

行动是人与人之间产生差别的关键因素。

如何高效率地行动?

个人和团队运用方格笔记,快速地发现问题和短板,不断地总结行动经验,以提高个人和团队的竞争力,这是方格笔记的运用价值。

在付诸行动时,我们要运用可以帮助个人和团队快速行动和总结的

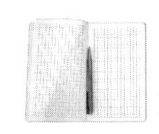

PDCA 笔记框架。PDCA 笔记框架是核心的方格笔记执行工具，是重要的行动框架，是高效能行动的逻辑主线。

在行动阶段，快速地转动 PDCA，不断地总结经验，是提高行动效率的关键。

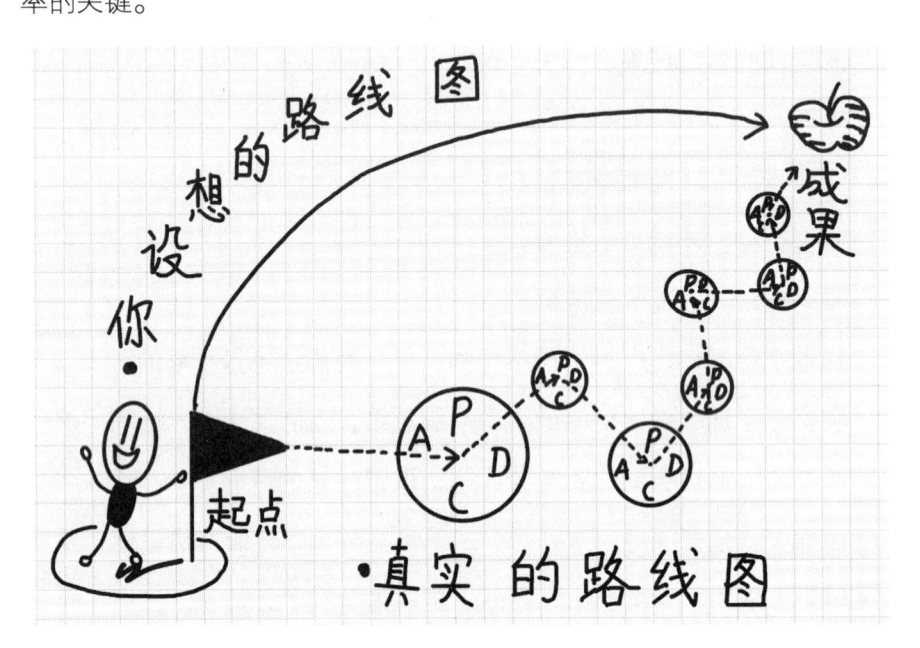

在本书的"知篇"中，我以麦肯锡黄金三分框架为基础，结合方格笔记的基础技法，介绍了让思维自动化的方法。麦肯锡黄金三分框架是系统思考的关键框架。

比黄金更珍贵的是钻石；比思维更重要的是行为。

在本书的"行篇"中，我将以 PDCA 钻石四分框架为内核，介绍帮助大家实现行为的自动化、成长的自动化，也是结果自动化的笔记方法。

我们打开方格笔记本，运用 PDCA 笔记的钻石四分框架，让每天的

# 行篇
## ——放手做

行动变成持续改进的契机，如同坐上了通往成果的"高铁"。

"行篇"就是在"知篇"的基础上，"放手做"的方法体系。

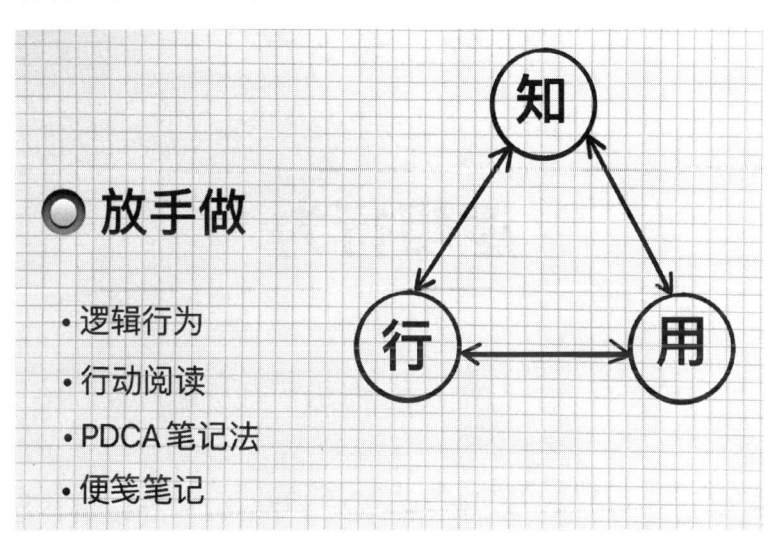

○ 放手做

- 逻辑行为
- 行动阅读
- PDCA 笔记法
- 便笺笔记

# 第 5 章

# 逻辑行为

2002年，我在当时很火的《万科周刊论坛》中看到一个故事：有一名男士，每年元旦当天，他都会排除一切干扰独处几小时。在这段时间内，他会将来年的目标认真地写下来，然后在未来的一年内，他会努力地实践那些看似很难完成的目标。让人意外的是，他陆续实现了自己写下的目标。他的演艺事业顺风顺水，政坛之路也蒸蒸日上。这个人就是施瓦辛格。

这个故事深深地影响了我。彼时，我迫切期望能够提高自己的行动能力，因此我把这个故事中"做计划"的方法牢记于心，以后的每年元旦当天，我也会独处几小时，认真地思考来年的计划，并将行动计划写下来。

为什么需要做行动计划？建设人生与修建房子有类似之处。修建房子，需要先设计蓝图再建设，否则难免做无用功；人生也需要先做规划蓝图再大胆行动，高效能人士都有先制定目标再快速行动的习惯。

虽然我没有施瓦辛格那么强的能力，也没有取得那么大的成就，不

第 5 章
逻辑行为

过当我运用了这种方法后，自己的行动能力的确有所增强。先把行动计划写下来，然后在行动中不断改进，这是每个人都可以提高自己行动能力的好方法。

最近四年的元旦，除了独处思考，我也会开分享课程，分享目标制定工具，带着学员一起制订计划。与思学平台的学员一起制订来年的计划，这已经成为思学平台每年元旦的保留节目。

诸如施瓦辛格一样的高效能职场人士与一般的职场人士相比，工作效能差别的背后主要有两个方面的原因：一个是逻辑思维；另一个是逻辑行为。

严谨地设定目标，围绕着目标认真地思考，这就是逻辑思维。

围绕目标，专注、坚决地行动，不断地测试和调整行动，让自己的行动更加有效，最终达到理想的目标，这就是逻辑行为。

逻辑思维解决的是系统思考的问题，而逻辑行为解决的是行动改善的问题。

逻辑行为精准地对接结果、精确地创造价值。

怎样提高我们的逻辑行为能力？下文将介绍一个逻辑行为工具GPS 工作法。

## GPS 工作法

如果你想去一个地方，但不认识路，那应该怎么做呢？最简单的方法就是你马上打开手机中的地图 App，或者利用车载 GPS 前往目的地。

## 方格笔记学与用

这就是导航的价值——让人方便快捷地找到正确的路线并直达目的地。

在现实的工作中，我们在很多时候会面临类似的情形：面对大量的资讯、不确定的经济环境、模糊的客户需求，随时有迷路的可能性，那有没有类似于地图的工具可以帮助我们快速地找到行动路径并到达终点呢？

这个工具就是 GPS 工作法。其中，GPS 的三个字母分别代表目标（Goal）、行动要点（Point）、行动步骤（Steps），如图 5-1 所示。

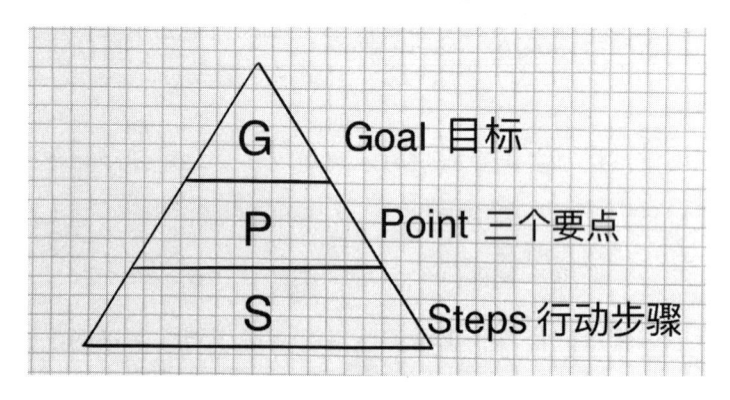

图 5-1　GPS 工作法说明

GPS 工作法是高效能行动的系统方法。

GPS 中的目标（主题）源于我们对自己的人生定位和规划。人生规划的理想情况是长期规划、中期规划和近期的目标能完美地结合起来，我们每时每刻的努力都可以持续地收到结果，这是人生精准努力的行动方法。对不能完美地结合远期、中期、近期的目标的情况，我们应该视其为当前急需完成的任务项目。GPS 工作法的 G 是与目标相关的思考，是关于为什么行动（Why）的深入思考。

GPS 工作法中的 P 是行动的三个要点。它上接目标，下接具体的行

## 第5章
## 逻辑行为

动步骤，是关于做什么（What）的思考。P既是对接目标的行动方向，也是主要的行动类别。

GPS工作法中的S是具体的行动步骤，是关于如何具体行动（How）的思考。

GPS工作法给了我们一种高效能的快速行动框架。

在信息化的时代，我们会面对各种各样的信息和层出不穷的资讯。如何最大限度地简化信息和资讯，在保留重点信息和资讯的同时还能将行动引导出来，这是一个难题。简化信息和资讯需要具备强大的消化信息和资讯的能力、目标意识。

GPS工作法与麦肯锡黄金三分框架、金字塔原理，既有联系也有区别。

麦肯锡黄金三分框架是锻炼职场新人的目标意识、抓重点能力的有力工具。麦肯锡黄金三分框架与GPS工作法的作用大体类似，不同之处在于麦肯锡黄金三分框架中的思考环节在笔记版面中被省去了，保留在人的大脑中快速完成。目标、三个要点、行动步骤这三个要素在笔记版面里被保留下来。我们运用GPS工作法在做思维整理时，就显得方便快捷、重点突出。

我们可以把GPS工作法理解成为麦肯锡黄金三分的精简版。对比GPS工作法，麦肯锡黄金三分框架有解释，也就是提出假说的环节；而我们运用GPS工作法，把提出假说这个环节放在大脑中完成，在笔记版面上只呈现行动目标、行动要点，以及行动步骤。因此，GPS工作法是一种快速行动的工具。

方格笔记学与用

　　GPS 工作法与金字塔原理形式有相似之处，但基本原则是不同的。

　　金字塔原理的主要用途是整理思维，从而进行结构化的表达。只有从事实出发，有理有据，表达的结构才严谨且有说服力。因此，金字塔原理的底层一定是事实、数据方面的信息。

　　而 GPS 工作法的主要用途是规划行动、目标达成，因此 GPS 工作法的底层是细化、可执行的行动步骤，是关于行动步骤的细节。

　　虽然 GPS 工作法与金字塔原理在形式上有相似之处，但是二者的理念其实是不同的。金字塔原理是一种结构化思维的工具，而 GPS 工作法是一种快速行动的工具。

　　GPS 工作法可以用到工作中的各种场景，如表 5-1 所示。我们在做计划、快速阅读、召开会议等场景中系统性地运用 GPS 工作法，可以极大地提高工作效率。

表 5-1　GPS 工作法运用场景

| 项　目 | 作　用 | 关　键　点 | 成　果 |
| --- | --- | --- | --- |
| 做计划 | 年度、月度、周、每日 | 打草稿、梳理具体内容 | 行动计划表 |
| 快速阅读 | 提高阅读效率 | 结构化地抓取信息 | 读书笔记、行动清单 |
| 召开会议 | 提高会议效率 | 会议议程的梳理、会议内容沟通、把握重点 | 会议纪要、行动计划表 |

## 做计划

　　在做计划时，无论是年度计划还是月度计划甚至是每天的计划，我们都可以运用 GPS 工作法来快速打草稿，再将草稿整理成正式的 GPS 行动提纲。即使是规划明天准备要做的事情，也可以运用这种 GPS 工作法来设计行动计划。

# 第5章 逻辑行为

## 快速阅读

虽然每个人都阅读过一些书籍，但是真正拥有阅读能力，能从书本中萃取真知的人，其实并不多。那么，如何提升我们的阅读能力？运用GPS工作法做阅读笔记就是一种快速积累知识资本的好方法。

我们在运用GPS工作法做阅读笔记时，首先要把阅读的目标，或者书名、章节知识点的名称写在页眉部分，然后将阅读部分的三个要点写在笔记的左栏，笔记的右栏记录自己的行动决定。毕竟，行动才是给我们带来结果的关键，是现实与理想的桥梁。在阅读时，页眉部分具体写书名还是章节知识点的名称，取决于我们的阅读目标和方法。假如对一般的书籍做粗读，那一页笔记呈现整本书的要点和自己的行动决策就可以了。如果我们阅读的书是经典书籍，经典书籍往往内容非常丰富，那一章为一页笔记也是可以的。

## 召开会议

会议对一个团队研讨对策、达成共识具有重要的作用。事实上，很多单位是"文山会海"，会议越开越多却没有达到理想的效果，反而浪费大家的时间，会议最终成为时间的"杀手"。

那么，如何提高召开会议的效率，节省宝贵的时间呢？GPS工作法是非常好的会议工具，它的优势体现在会议记录的各个环节。

GPS工作法可以帮助我们快速地准备会议的主要内容。在时间紧、任务重时，GPS 工作法的价值尤为重要。例如，2016 年年初是我特别忙碌的时候，但我需要召开一个会议，向团队伙伴说明新一年的大致安排。于是，我用 GPS 工作法在短短 20 分钟内准备好了会议的要点，再用 20 分钟时间召开了一个短会，说明了 2016 年的增长目标。事实上，无论是准备会议的要点还是会议过程，GPS 工作法都起到了非常好的效果。会议为团队说明了 2016 年的目标、主要的要点以及行动计划。最终，2016 年的目标完美达成，这与快速有效的短会是分不开的。

管理者每天的工作千头万绪，因此他需要对时间进行有效的利用和管理。管理者运用 GPS 工作法，可以在很短的时间内就把会议的目标、要点以及主要的行动计划整理出来，这样可以节省大量的时间。

在会议进行的环节，会议的目标之所以很难实现，是因为会议议题的聚焦程度不够。如果运用 GPS 工作法的模型并按流程实施，及时地呈现会议成果，会议就可以又快又好地进行下去。

运用 GPS 工作法召开会议，可以在会议结束的第一时间对会议的所有重点内容进行回顾和宣贯，极大地节省了会议的时间，提高了会议的效率。

GPS 工作法看似简单，但它是一种系统化的实用工作笔记方法，也是一种可以提升逻辑思维和逻辑行为能力的好方法，还是可以运用于阅读笔记、会议等场景的工作方法。在职场中，GPS 工作法有广泛的应用。

针对不同的工作场景，不断地磨炼、优化 GPS 工作法使用技能，利用 GPS 工作法的模型来不断优化、改善工作效能，这是良好的正循环，是真正有实用价值的方法。

第 5 章
逻辑行为

# 确立正确的目标（G）

常言道：方向不对，努力白费。设定精准的目标，可以达到一步一个脚印地前进、实现不断接近目标的效果。如何精准地确立目标？精准地确立目标，主要包括精确定位、精选赛道、精准努力三个关键点。

## 精确定位

有效行动的前提是精确地目标。那么，如何精确地做出个人定位呢？

定位是一个复杂的系统工程。

个人定位的基本步骤：第一步，认真地盘点自己的优势能力；第二步，对自己的优势能力进行刻意训练，逐渐把优势能力转化为核心竞争力；第三步，将自己刻意训练的优势能力运用于合适的赛道以获得成果。这三个步骤就是人生的目标管理、时间管理、成果管理的精华所在。

不少人虽然每天忙忙碌碌，但是忙的成果是什么呢？

没有任何成果，是大多数人忙碌的结果和写照。

光阴似箭，只有目标明确，才能穿透靶心，得到结果。

树立"运用自己的核心优势来真正为他人解决有价值的问题"的目标，就是在正确的方向上努力。

在正确的方向上努力，是取得成果的前提。

因此，我们需要重新思考自己的定位，让预期的目标建立在自己的核心优势之上，然后不断地强化自己的优势，把优势变成自己的核心竞争力。

选择与自己的核心竞争力相关联的赛道，职场竞争的胜算就比较大。精确定位是取得人生成就的前提。

## 精选赛道

选择人生的竞争赛道的能力是人生的关键抉择之一。

找准自己的优势，不断地通过刻意练习进行强化，然后选择恰当的人生赛道，人生的胜算就会比较大。

每个人都需要认真地对自己的优势进行盘点，选择真正适合自己的人生赛道。

《孙子兵法·始计第一》开篇振聋发聩地提醒人们："多算胜，少算不胜。"

刘勰的《刘子·卷八·兵术》，明确指出"兵之势，避实而击虚"。也就是说，用自己的优势和对手的不足进行竞争。这是"赢"的答案！

如果拿自己的短板和别人经过刻意训练的核心优势竞争，失败是必然的。

用自己的业余爱好挑战他人的专业强项，只能是"以卵击石"。

可惜，很多人对自己的优势，尤其是核心优势、优势资源，没有认真地进行总结和盘点，缺乏精准定位后艰苦刻意练习的过程，致使光阴白白地被浪费了。

栽一棵树，最好的时间是五年以前，其次是现在。驶向自己的梦想，现在就是最好的时候。

# 第 5 章
## 逻辑行为

我们先认真地选择人生赛道吧。当选好人生赛道之后，我们就可以精准努力了。

## 精准努力

如何精准努力？

我们需要对长期目标、中期目标、短期目标有比较一致的规划。在精确定位、精选人生赛道的基础上，我们就可以精准努力了。精准努力的每天都可以是对梦想的练习，能够帮助我们事半功倍地工作和生活。

以我为例来做说明：假如我的长期目标是到 80 岁时能写作 100 本书。

那么，我的中期目标是在未来 3 年内，写作 10 本书。

要实现 3 年写作 10 本书的中期目标，那么短期目标就是在该年写作并出版 4 本书。

2020 年元旦，我确定了一年 4 本书的写作计划，然后一步一个脚印地要求自己 3 个月完成写作一本书的目标。

如果我们暂时不能做到长期目标和短期目标的统一，就需要在认真盘点目前的资源和条件的基础上做出一些行动和选择，以使我们朝着能把长期目标和短期目标统一的方向迈进。

## 刻意练习关键点（P）

如何实现目标？唯有不断行动才能靠近目标；唯有精准的行动才能实现目标。如何精准行动？我们需要把握行动的关键点。

行动关键点，就是为了达成目标在一些关键的步骤上必备的关键技能。

假如我有写作 10 本书的目标，就先学会写一本书的方法，然后将写书的方法复制 9 次。写一本书的方法，就是写 10 本书的关键点。

那么，如何写作一本书？我将写书的任务进行分解后再简化实施，然后一步一步地执行，这是写作一本书的基本方法。

为此，我们需要在以 4 个方面积极行动：

（1）确定选题和提纲。

（2）写作书籍内容。

（3）书稿汇总修改。

（4）准备出版发行。

我们在这上述 4 个方面可以进行针对性的刻意训练，不断寻找每个步骤的改进方法：先写作一本书，总结经验并不断改进写作方法；坚持写书的动作，写作 10 本书的任务就能达成。

对写作一本书的任务，我通过对关键点进行分解，写作的难度会不断降低。

如果写作一本书有难度，就先尝试写一篇文章。

一本书，无非是多篇短文按照一定的逻辑关系构成的知识体系而已。也就是说，要写一本书，就是将写一篇文章的经验复制多次。

如果写一篇文章有难度，就先尝试写一个段落。每天尝试写一个段落，将写作习惯坚持下来，就是很好的写作练习。

前几年有一个很流行的理论，叫作"1 万小时天才法则"。这个理论的要点是，任何人在很多的领域（体育除外）只要能坚持刻意练习1万小时，都有可能成为"专家"。

例如，原来我写作速度很慢，对想写的选题，每天只能写1000字左右，也有一天写不了100字的艰难时刻。现在，如果需要赶稿，我一小时就能写2000字。这是我最近几年不断在写作上刻意训练的结果。

首先锁定目标，然后针对要克服的难点及关键点进行刻意练习，坚持小步前进，不断总结，我们就可以快速接近目标。

## 小步快跑（S）

要准备到达理想的彼岸，这就需要在严谨周密的思考下执行系统化的、有效的行动。那么，行动的灵感从哪里来？我们需要找到可靠的行动灵感来源。我们在探索有效行的动灵感时，可以有多样化的行动灵感来源。

第一个行动灵感来源是头脑风暴。头脑风暴既可以个人进行，也可以团队协作共创开展。无论是个人进行的头脑风暴，还是生活中观察他人经验而进行的总结，都算是个人头脑风暴的灵感。此外，团队的管理者召开团队头脑风暴会议，以群策群力的方式讨论的行动方案也是头脑风暴的灵感。对于团队共创式头脑风暴，如果团队成员对流程比较熟悉，管理者激励得当，那头脑风暴的速度更快，效果更好。

第二个行动灵感来源是阅读。我们可以通过阅读一些非常好的书籍来寻找行动灵感。我们首先仔细思考自己准备解决的问题，然后阅读书中他人的做法，如一些名人传记中主人公的做法，自己通过设身处地换位思考，对比主人公的做法与自己的做法来寻找差距，经过比较、选择之后，可以得到新的行动灵感。通过观察他人的做法，特别是通过阅读总结他人的做法来做行动的尝试和总结，这是一种非常有用的方法。

第三个行动灵感来源是有经验的老师或者教练的指导。如果老师或者教练针对学员在练习中暴露的问题进行指导，学员根据老师或者教练的指导意见认真地执行改进。这样的刻意练习，往往就会起到事半功倍的效果。有时，老师的一句话就能解决我们的盲点和问题。

无论是从哪一种渠道得到的行动灵感和知识，我们都需要通过快速实践来验证这些知识，一边实践，一边验证。如果是有价值的行动建议，那我们不但要照做，而且要琢磨如何把这些建议不折不扣地执行下去；如果被证明是不太适合自己的建议，就要想一想如何改进和优化。因此，实践是检验这些行动知识是否有效的唯一标准。

在行动的时候，我们要特别注意三点行动理念，即新行新果、不步前进、快速迭代。

## 新行新果

重复旧行动，却期待不一样的结果。对于期待的成果，我们需要多做行动上的尝试，通过尝试不同的方法，不断地接近目标。经过尝试，对于有用的方法，我们在坚持的同时要反思如何能更快、更好地完成任务；对于没有用的方法，当然我们需要改正。在改正的时候，我们要探寻不能奏效的原因，然后在系统分析的基础上，优化相应的行动。

## 第5章
## 逻辑行为

### 小步前进

"积土成山，风雨兴焉。"只要积累小进步，就会有大成果。哪怕旅程是"十万八千里"，只要坚持下来，就能一步一步地抵达终点。积累小进步，就是大改进。

如何快速地行动？

低成本试错是一种很好的方法。

在试错的过程中，行动有调整不用怕。调整，证明可以找到更好的解决办法。不断地调整，不断地总结，深思熟虑，快速迭代推进。多探索，少犯错误，比什么都不做的效果好太多。

不怕慢，就怕站。只要快速地行动，坚持奔跑，就有可能到达终点。即使目标很远大，每天快速行动积累小步前进，也能快速地接近目标。

### 快速迭代

要想实现目标，最好的方法是把目标写出来，然后放到显眼的地方，时刻提醒自己："我此时的行动，是接近了目标，还是远离了目标？"

对目标念念不忘，有助于我们快速行动和总结，也有助于帮助我们找到目标达成的方法。

我以写公众号文章为例进行说明。如果想写公众号文章，可以随身带一个A6笔记本，有想法的时候就写几句，每天写作5分钟，也比裹足不前强。

边写边总结、边跑边打边瞄准，远比犹豫徘徊更有价值。

快速行动、快速总结。对于有效果的做法，我们坚持下来并设计改

## 方格笔记学与用

进方法；对于没有效果的行动，我们加以改变并设计改进方法。

边行动、边总结，做出结果的可能性就很高。

如果坚持原本的做法，有10%的成功可能性，改进方法后，成功的概率可能有13%，成功的可能性能提高3%，因此我们可以大胆尝试。

很多时候，我们只要感觉成功的可能性可以提高1%，就可以大胆地行动和尝试了。

# 第6章

# 行动阅读

只有行动才能产生结果。重复过去的做法，只能得到过去的成果。新的行动，才能产生新的成果。然而，有时候我们想获得新成果，比如写作一本书，但不知道怎样做才有效。面对这种情况，我们应该怎么办呢？

面对上述情况：一种方法是向写作高手请教，听取"专家"建议，或者请专业人员进行辅导；另一种有效的做法是阅读好书。通过阅读好书，我们寻找行动的新灵感和解决问题的办法，这是成本低、效率高的办法。

阅读是非常有价值的行动灵感来源。

为此，我发明了一个专门的词汇，叫作行动阅读。

行动阅读与大家熟知的阅读有所区别。

大家熟知的阅读——阅读者的阅读目标是获得启发。也就是说，阅读者通过阅读书籍对自己的思维起到启发的作用。如果读了一本书，阅读者解决了自己思维中的某个疑点，一般阅读认为这本书是有价值的。平时，阅读者阅读的基准线是思想、想法、观念的延展，这是阅读者通

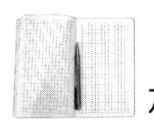

常的阅读目标。一旦阅读结束，思考就到此为止了。

行动阅读，是以行动为基准点的阅读方法。在阅读时，阅读者的重点是寻找解决问题的行动灵感或者寻找达成目标的行动方法。行动阅读的目标是产生行动的灵感，而不是观念的延展。

行动阅读，就是通过快速阅读寻找行动灵感，然后通过快速行动对行动的灵感进行验证，在验证之后要快速地改进行动方法。

经过检验，阅读者对有效的做法就要坚持下来，并努力寻找改进方法。

如果经检验是无效的或效果不太理想的做法，阅读得就要大胆舍弃，并努力寻找改进方法。

通过快速行动来发现问题，通过快速行动来总结经验，通过快速行动来导引阅读。行动阅读，行动是重点，阅读是行动灵感的重要来源。

选择有助于解决问题或达成目标的阅读主题进行快速的行动阅读，这是我运用方格笔记做行动阅读的心得。

## 行动阅读的定义

与学生的学习相比，职场人士的学习有着很大的差别。

在学校中学生的学习，如学习目标、考核重点、需要掌握的知识点，除课前预习、课后复习的常规动作外，学习要点都是由老师讲解的，学生根据老师的课堂讲解进行学习内容的整理和复习。等到期末考试，一个班级甚至更大范围内学生的学习成果由统一的考卷进行考核。学生的

# 第6章
## 行动阅读

学习成果经考卷考核，获得高分或及格过关，这是学生主要的学习目标。

职场人士的学习，是为了解决工作中的问题而进行的学习。由于岗位不同，学习目标、学习重点和学习内容都不同，因此需要有较强的主动性，根据实际工作的需要进行快速的学习，同时将所学内容进行归纳整理。将学到的知识转化为解决问题的行动，通过行动在工作中创造价值，做出成果，这是职场学习的目的。

在职场中的学习有很多种方式，包括在工作中的边做边学、观看教学视频、参加讲座及行业会议，以及团队研讨共创等，其中非常重要的一种方式是阅读。

与其他的学习方式相比，阅读学习其实有很多的优势，如内容信息量大、学习成本低、学习时间灵活等。由于职场人士通常工作压力大，时间非常紧张，这就需要大家掌握系统化的阅读技巧，也就是快速阅读大量资料、快速地整理，同时需要快速行动的系统。

通过阅读快速地寻找到解决问题方法的行动阅读，主要由主题阅读、快速阅读、行动改进三部分内容构成。

## 主题阅读

在阅读领域中的经典之作《如何阅读一本书》，介绍了四个层次的阅读：基础阅读、检视阅读、分析阅读、主题阅读。其中，主题阅读是最高层次的阅读。

什么是主题阅读呢？简单来说，主题阅读就是围绕着特定目标的主题进行系统阅读的方法，一般分为两种主题阅读方法。

## 方格笔记学与用

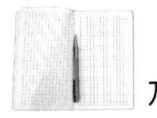

第一种主题阅读方法，是对某个领域中与个人阅读主题相关的重点好书进行阅读。

第二种主题阅读方法，是对某位写作质量过硬作者的所有著作进行阅读。

以我的阅读实践为例，在此对这两种主题阅读方法逐一进行说明。

首先，介绍我把某个领域重点好书都读完的例子。从 2004 年 6 月起，我意识到自己思维能力方面有所欠缺，想提升自己的逻辑思维能力，于是我开始做逻辑思维的主题阅读。我购买了国内外自己能够找到的实用逻辑思维类的书籍，然后进行快速阅读。当我把购买到的所有书籍都快速浏览一遍之后，就可以选出一本或几本好书，花时间做重点阅读；对于品质不高的书，我就断舍离地处理了。虽然全球每年出版的书籍数量众多，但对某个特定主题而言，好书，尤其是经典书籍的数量是有限的。因此，读完某个细分主题类别下的所有好书的任务，不是遥不可及的目标。

通过主题阅读，我们能够让自己快速地了解所阅读主题的前沿信息，经过长时间的阅读和实践，也可能成为阅读主题领域中的"专家"。著名的管理学家彼得·德鲁克，采用每三年阅读一个主题的方式做主题阅读。一个人长时间地做主题阅读，加上个人的见识、实践和知识迁移能力，可以确保自己对阅读主题的内容达到相当深的了解程度。

其次，我再说说把某位作者所有著作进行主题阅读的例子。

在个人成长领域，斯蒂芬·柯维的影响力目前无人能及。他写了一系列经典的个人成长类别的书籍，形成了庞大又系统的知识体系。从

## 第6章
## 行动阅读

2004年起，我开始阅读斯蒂芬·柯维的著作。我把能买到的书籍都买回来并认真阅读，特别认真地阅读了《高效能人士七个习惯》这本经典著作。在阅读其他书籍时，我会有意识地把读到的重点内容与这本书中的模型进行链接。我每年都会重读这本经典著作，然后对比自己的成长轨迹，领悟书中的精华内容。用心阅读，然后通过不断地实践和领悟，我们也有可能进入格局宏大的柯维思想体系的门槛。

在不同的人生阶段，为了解决不同的主要问题，我会选择不同主题的书籍进行阅读。比如，从2006年开始，为了提升创造力，我重点阅读了创造力思维大师德·波诺的包括《六项思考帽》《水平思考》，以及"CORT教程"等几十本书。2011年之后，为了突破视觉化思维的能力，我重点阅读了美国"丛林"公司包括《视觉会议》《视觉团队》等视觉化思维的所有资料，并做了大量的练习。2015年以后，为了更好地经营社群，我在《商业模式新生代》讲述的模型上建构商业思维知识体系（见图6-1）。

两种主题阅读方法，从实用的角度考虑，可以不用区分得过于严格，允许有一定程度的交叉。比如，有时我发现某位优秀作者的著作中会推荐一些同类别的好书，当我顺藤摸瓜去阅读这些好书时，自然就从第二种主题阅读方法过渡到第一种主题阅读方法。一般情况下，优秀的作者阅读和推荐的书籍一般质量比较高，我们将两种主题阅读方法结合起来会更加实用。

除了掌握主题阅读方法，我们还要掌握快速阅读的方法。

方格笔记学与用

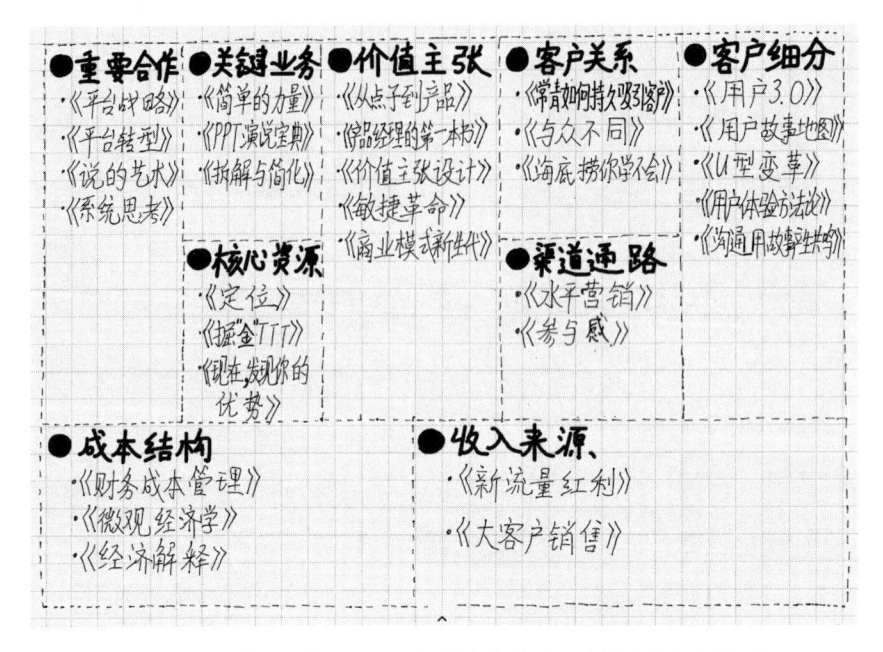

图 6-1　在《商业模式新生代》讲述的模型上建构思维知识体系

## 快速阅读

对主题阅读，你可能感到望而生畏，平时工作很忙，一个月阅读不到一本书，那怎么可能有时间完成大量的主题阅读书籍呢？

"因为没有时间，所以不能完成主题阅读"，其实这是一个误区。你在当前的阅读理念和阅读能力基础上做出的上述判断，并没有考虑以下三个方面的事实：

- 随着阅读观念的变化，阅读速度会加快，阅读质量会提升。
- 随着对阅读内容深入的理解，阅读速度会加快，阅读质量会提升。
- 随着阅读技巧和阅读经验的积累，阅读速度会加快，阅读质量会提升。

## 第6章
### 行动阅读

下面，依次分析这三个方面的优化对阅读带来的影响。

首先，我说说阅读观念的变化给阅读效率带来的影响。在学生时代，家长和老师往往让孩子慢阅读，强调不能"囫囵吞枣"。如果在学生时代，学习时间较为充裕的条件下，这样的建议有合理成分，那么在职场中，慢阅读的建议显得不合时宜。我的阅读体验是，当阅读速度加快50%左右时，我的阅读专注度会提升，阅读效果会更好。大脑的活动主要通过脑电波传递信息。我把大脑比作一个飞行速度为每秒30万千米的宇宙飞船，但现实的慢阅读的阅读观念，相当于将有着巨大潜力的宇宙飞船使劲踩刹车，让它每秒只能前进两米。这样的阅读观念，可想而知，人的大脑会不会疲劳，人会不会感觉厌烦？

其次，我再来说明阅读内容的熟悉程度给阅读速度带来的影响。

一些人一拿书本就想睡觉，主要原因有两个：一是书本的内容不是他们关心的内容；二是慢阅读的阅读观念导致遗忘，看了后面的内容忘了前面的内容，会让阅读者感觉受挫，这是对阅读兴趣的极大打击。

真实情况是，随着阅读材料的不断丰富，对阅读内容的熟悉和理解程度会不断加深，这将有助于提高阅读者的阅读速度。也许对第一本书，阅读者用较快的速度阅读完，大脑不会留下多少信息。但有了第一本书的阅读基础，在阅读第二本书时，阅读者的阅读速度和阅读后大脑留下来的信息会多了不少。当阅读者开始阅读第三本书时，有了前面打下的阅读基础，阅读速度会更快，阅读效果会更好。

当阅读者坚定了信心，转变阅读观念之后，在阅读过程中不断总结快速阅读技巧，既可以提升阅读速度，又可以提高阅读的理解程度。

方格笔记学与用

最后，我再来说说阅读技巧和阅读经验的积累给阅读速度带来的影响。

快速阅读的技能与其他技能一样，也是可以通过刻意练习，不断提升的技能。

多练习、多总结快速阅读的技能，阅读者的阅读速度会有飞速的进步。

基于阅读观念的转变、对阅读内容的熟悉程度和快速阅读技能的练习，快速浏览一本书，是职场人士应该具备的阅读能力。

在快速阅读浏览100本书的基础上，从中选择最有价值的一本书认真阅读很多遍。

因时间有限，所以我们需要做有价值的主题阅读，并尝试运用快速阅读的方法做阅读。

主题阅读拓展眼界，快速阅读节省时间。行动检验知识，行动创造价值。

通过阅读汲取知识，通过行动检验知识，这样的行动才有价值。

## 行动改进

行动阅读的目标，就是通过系统化的阅读，让阅读者能够站在巨人的肩膀上形成结构化的知识体系。通过阅读，阅读者找到做事更有效的行动方法；通过不断地做行动改进，阅读者不断地提升行动效率，最大化地获得成果。

获得成果有两个基本方向：一是解决客户的痛点问题；二是主动设计理想的未来。

## 第6章
## 行动阅读

先说解决客户的痛点问题的方向。

对解决他人痛点问题的思路,我的方法是通过概率来做推算。

例如,在创业时,我需要推算自己事业的成长空间。在推算思维导图事业市场时,我会估算中国有多少家长为孩子不懂学习方法而感到痛苦。换句话来说,学习方法是很多家长的痛点。我可以用概率论的角度评估出市场容量。假如,中国有5亿位家长对提高孩子学习方法的课程感兴趣,10%的家长愿意花钱让孩子学习课程,在这10%的家长中有10%的家长愿意自己学了课程再教孩子,在这些愿意自己学了课程再教孩子的家长又用有10%的家长了解到我创建的平台,其中5%的家长在我的平台学习课程,因此市场容量就可以估算出来了。即:

$$500\ 000\ 000 \times 10\% \times 10\% \times 10\% \times 5\% = 25\ 000（位）$$

只需要服务好这25 000位家长,学习平台就有存在的价值。

除了方格笔记、阅读、写作,还有其他课程,我都用相似的逻辑推算市场容量。

除了帮助他人解决痛点问题的方向,还有一个能够获得成果的方向,就是主动设计理想的未来。

主动设计理想的未来是指从阅读者的核心优势出发,不断强化自己的优势,同时发掘目标成果区域。让阅读者的目标成果位于自己的能力优势区,这里要有战略思维的思维方法。

例如,40岁之后,我要设计自己的人生下半场的方向。那么,未来的几十年,我最想达成的目标是什么?比如,经过深思熟虑之后,我确定了写作100本书的目标。

**方格笔记学与用**

为什么我把写作 100 本书作为自己的目标成果呢？一方面是我确实很想写书；另一方面，我研究了多年的思维技巧，并做了多年的培训和教学，总结了不少经验，我期待把这些经验写成书，以帮助读者解决他们关注的问题。

我设计的写作 100 本书的目标，是立足于自己的研究和实践优势，经过系统思考之后，主动设计未来的结果。

当然，上述结论只是我的假设，是否符合实际，还需要经过行动检验。

对经过行动检验的知识和结论，我们需要快马加鞭地大胆行动。如果结论不正确，我们就需要在持续的改进中，对结论进行相应的修正。

围绕着阅读者期待解决的问题或者主动设计的未来，系统化地行动阅读，不断地进行行动改进，不断地解决问题，不断地获得成果，这就是行动阅读的方法。

## 行动阅读的方法

如何做有价值的行动阅读？具体步骤说明如下。

（1）绘制行动阅读结构框架，如图 6-2 所示。

（2）写下当日日期，以及近期计划解决的重点、难点问题，如图 6-3 所示。

（3）阅读好书并提炼关键词，如图 6-4 所示。比如，解决时间管理问题，我阅读的好书是《要事第一》，将关键词写进小方框中，一个方框内写一个关键词。关键词的上方记录书的页码，以便查阅细节内容。

第 6 章
行动阅读

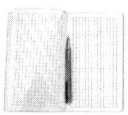

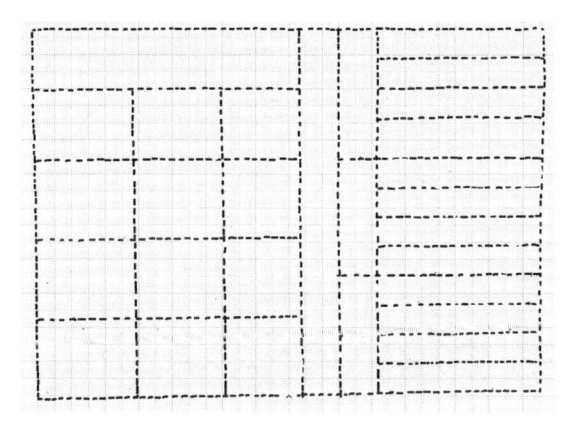

图 6-2　行动阅读结构框架

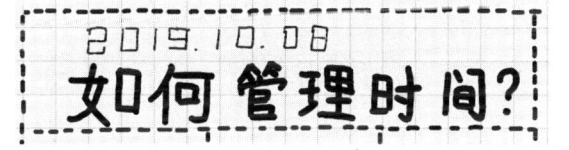

图 6-3　标题书写示意图

图 6-4　提炼关键词

93

## 方格笔记学与用

在 15 分钟内，先把一本书浏览完毕，梳理解决时间管理问题的线索并呈现在行动阅读笔记本上。接下来，在笔记的右侧页码，对笔记内容进行整理并誊抄，形成系统化的时间管理问题解决方案，并开始尝试其中的一些执行难度不大的解决方法。输出结构整合图如图 6-5 所示。

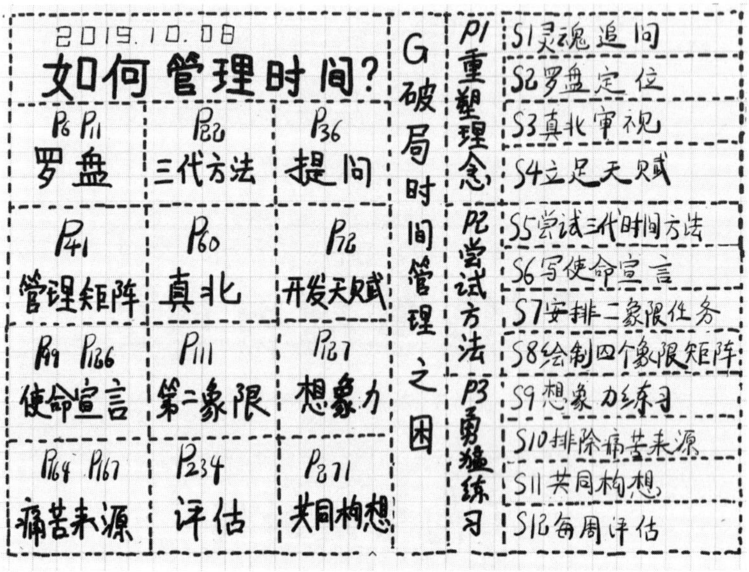

图 6-5　输出结构整合图

读者在尝试通过行动阅读来解决办法的过程中，要注意运用 PDCA 笔记框架做好记录，并不断地做 PDCA 的循环改进（PDCA 笔记的相关内容，请参见本书第 7 章）。

## 破解内容提取难题

在方格笔记训练班上，不少人反馈在做阅读笔记的过程中，要把阅

## 第6章 行动阅读

读书籍内容的重点提取出来感觉很困难，尤其经典书籍是经过时间洗礼而价值长存的书籍。通常，经典书籍的内容都很精彩，人们无论舍弃哪部分，都觉得很可惜。因此，有的人做笔记越做越多，笔记密密麻麻，感觉很多内容都是重点，其实这样就没有重点了。

对有些人尊重经典书籍的态度，我是能理解的。同样，我也很尊重经典书籍，比如《论语》《高效能人士的七个习惯》等，我会反复地阅读这些经典书籍，这就是我对经典书籍尊重态度的佐证。我们只有尊重经典书籍，才会用心阅读，才会积极实践经典书籍倡导的理论和方法。对经典书籍持有尊重的态度，是我们能获得成果的前提条件。但是，我要提醒大家，之所以会出现选择困难的问题，是因为我们没有区分成年人的学习目标和学生时代的学习目标的差别。

当一个人从校园进入职场后，时间变得很紧张，如果每天能快速地阅读一本书，而这本书的核心要点能够启发自己尝试一个新的行动，那这本书的价值就已经体现出来了。如果阅读一本书后能有更多的收获，那当然更好。

举个例子，我曾经阅读过迪士尼前副总裁写的《卖什么都是卖体验》。当时，我在机场花了一个半小时读完了这本书，后来把书送给了朋友。这本书中的两个知识点给我留下了深刻的印象，并对我的工作和生活产生了积极的影响。第一个知识点就是书名揭示商业本质在于消费者的体验。这个知识点让我重新审视自己的课程设计思路，并因此对自己的培训事业产生了重大的影响。第二个知识点是要学会写用户的"剧本"，这启发我重新雕琢课程内容。这样的领悟，也许参加一些高端的培训，经过老师的讲解后我才能领悟出来。不过，高端的培训，价格动辄几千元甚至更高，而一本几十元的图书，就让我能有这两点重要的收获。阅读真是最好的投资项目！

再举个例子。《最重要的事只有一件》一书中，作者讲述书名观点的过程令我印象很深。二八法则是大家熟知的一条职场原则。1897年，意大利经济学者帕累托从大量数据中研究发现：社会上20%的人掌握着80%的社会财富，即财富在人口中的分配是不平衡的。后来，人们还发现在工作和生活中存在许多这样的不平衡的现象，比如我们在每日的工作中，20%时间的工作内容能产生80%的工作成果；而80%时间的工作内容只能产生20%的工作成果。

我把20%最有价值的时间进行二八法则分解，发现其实利用4%左右的时间高效工作能产生64%的有效结果。

如果我继续对这4%的时间进行二八法则分解，最终可以看到1%左右的工作内容，事实上能够帮助自己产生50%左右的有效结果。

这就是对二八法则进行三次方分析的结果。这个分析结果到底意味着什么呢？如果我们把时间和资源分配给能带来最大结果的1%左右的工作内容，那么我们的工作效率可能产生数十倍的提高。

二八法则不仅可以帮助我们做出很多的工作成果，而且可以用来做阅读的时间、精力分配的指导思想。

对一本书中的知识，根据"二八法则"三次方分析方法来推算，一本好书中1%的那一个核心知识点，具有全书50%左右的价值，而这个核心知识点，通常就是书名揭示的道理。

我们明白了一个核心知识点有全书50%价值的道理，那我们只要汲

## 第6章
### 行动阅读

取某本书中的一个核心知识点,并对这个核心知识点做慎思笃行的行动设计,这本书的价值就能体现出来了。

二八法则既是排除阅读选择障碍的良药,也是我们对书籍内容进行大胆取舍的指针。

我们每次阅读好书,只需要把书中对自己最有价值的那个知识点萃取出来并付诸行动就可以了。

那么,我们购买图书的费用不但能回本,而且优化后的行动将带来难以估量的回报。

# 第 7 章

# PDCA 笔记法

只有行动才能解决问题；只有行动才能创造价值。但是，行动能力弱，是很多人面对的难题。如何提升我们的行动能力？答案就是我们在方格笔记中运用 PDCA 笔记法，大胆行动，快速地积累经验，收获工作成果。

PDCA 笔记法源自生产企业的 PDCA 工作法。PDCA 工作法是美国质量管理专家休哈特博士首先提出的，然后由戴明博士对其进行采纳、宣传和普及，故又称"戴明环"。20 世纪 50 年代，PDCA 工作法被企业界接受并推广后，企业界已经总结了非常丰富的 PDCA 工作法执行经验，并取得丰硕的实践成果。企业经营中的全面质量管理的思想基础和方法依据就是 PDCA 循环。

PDCA 循环是将质量管理分为四个阶段，即计划（ Plan ）、执行（ Do ）、检查（ Check ）、改进（ Act ）。在质量管理活动中，PDCA 循环要求把各项工作按照做出计划、计划实施、检查实施的效果，然后将成功的计划

# 第7章
## PDCA 笔记法

纳入标准、不成功的计划留待下一个循环去解决。这套工作方法是质量管理的基本方法，也是企业管理各项工作的一般规律。

PDCA 笔记法就是将质量管理的原则、方法运用到方格笔记体系中，以此提升记录者的笔记水平，是提升行动质量，改进行动流程，更快、更好地产出行动成果的笔记方法。

## PDCA 笔记法的概念

在现实中，有不少人制定了目标，但执行不下去，甚至由于达不到目标，备受打击，心灰意冷。

问题的症结在于缺乏有效的自我管理方法。

如何进行有效的自我管理呢？这需要一个自我管理的执行工具。这个执行工具，就是 PDCA 笔记法，如图 7-1 所示。

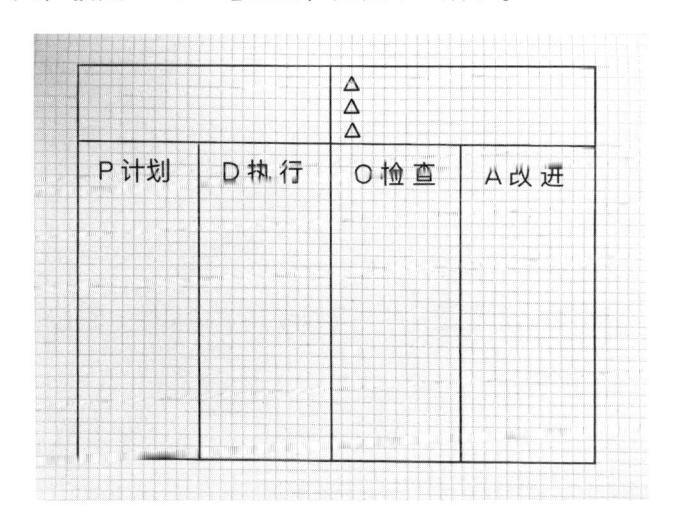

图 7-1　PDCA 笔记法

# 方格笔记学与用

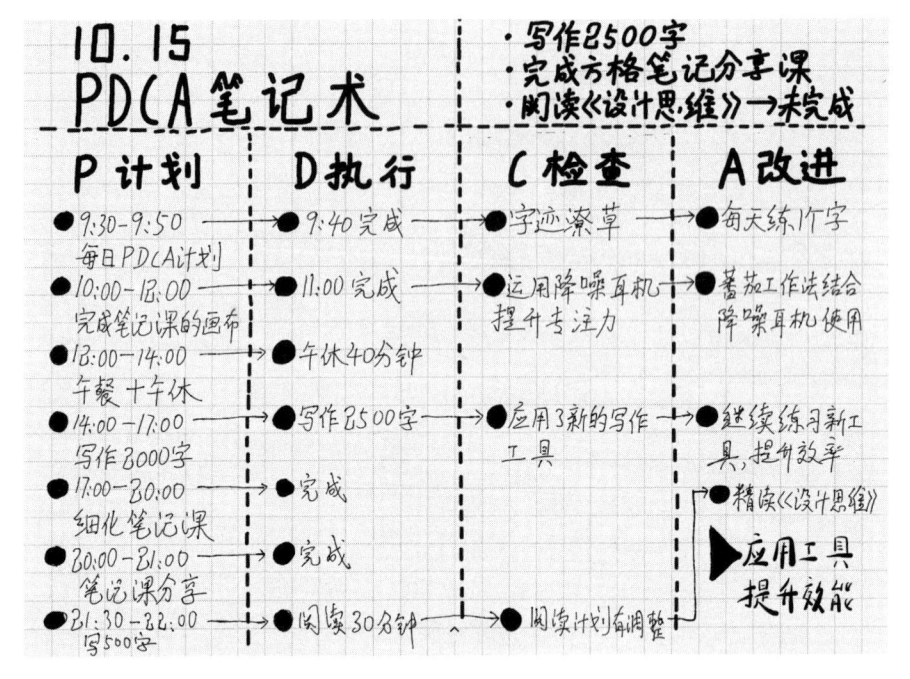

图 7-1　PDCA 笔记法（续）

PDCA 笔记法是方格笔记的核心执行工具。

对企业管理者来说，每天安排 PDCA 笔记内容，在计划、执行、检查、改进四项工作中不断循环，使个人的能力不断得到提升，同时企业绩效不断得到改进。

对个人来说，PDCA 笔记法是实现自我管理的好工具。

我们在运用 PDCA 笔记法时，可以使用"边射击、边瞄准"的方式创建 PDCA 笔记框架。

在现实工作中，我们先把 PDCA 笔记法利用起来，然后不断地总结 PDCA 笔记法的使用经验，同时阅读与 PDCA 笔记法相关书籍，把

# 第7章
## PDCA 笔记法

书籍中学到的、合适的做法吸收到我们的行动之中，不断地运用 PDCA 工作法循环快速地积累经验，在工作中不断进行 PDCA 工作法的循环改进。

经过 PDCA 工作法的不断循环往复，我们的计划能力、执行能力、反思和行动能力都会得到提高。

在向前方迈进的过程中，令我们疲惫不堪的不是前方的目标，而是鞋里一粒不起眼的沙子的折磨。我们把鞋里的沙子倒掉，穿上鞋继续前进，就能轻松愉快地迈向目标。

同理，我们做 PDCA 笔记，做好基础性的准备工作，轻装上阵，就能很好地享受 PDCA 工作法带来的工作成果。

如何做好 PDCA 笔记的准备工作？

（1）准备一个 PDCA 笔记专用的 A4 方格笔记本，这是重要的工具。A4 方格笔记本可以容纳较多的内容，方便携带。

我设计的"智慧蜡烛®"方格笔记本，每本有 60 页，正好一个半月完左右用一本。

（2）准备红、黑、蓝三色的签字笔各一支。

- 红色签字笔用来标注重点和日期、主题等内容。
- 黑色签字笔用来绘制 PDCA 笔记的基本框架。
- 蓝色签字笔用来书写内容和做图解。我们用蓝色签字笔书写，有利于产生想法，催生创意。

签字笔的笔芯一般是 0.5mm 的。但我做的笔记，除了起到提高自己思维质量和工作效能的效果，也经常作为课程的手写课件在讲课中展

示，因此我选用 1.0mm 的笔芯来书写笔记和做图解。这样能够醒目地显示笔记内容，便于大家阅读和理解笔记内容。

（3）一般选择在安静的环境中工作，以减少外界的干扰，这样可以提高工作效率。

通常，我在家附近的咖啡厅工作，同时会带上一个降噪耳机。使用降噪耳机，外界的干扰声音就会大幅度地减少，有助于我进入高效能的深度工作状态，提高工作效率。

降噪耳机的缺点是价格较贵且体积较大，携带不太方便。如果我们不用降噪耳机，花几元钱买一对海绵耳塞，在工作时就带上耳塞，也有助于减少外界噪声的干扰，提高工作效率。

做好这些软件、硬件的准备工作，我们就可以重新优化自己的工作流程，把做 PDCA 工作的项目，安排到日常工作任务中。

我原本的工作流程是早上 9:30 左右打开方格笔记本，然后开始写作。

后来，我对工作流程进行优化，改为 9:30 打开 PDCA 笔记本，先用 10～20 分钟做 PDCA 笔记，然后开始写作。

我逐渐把 PDCA 笔记框架固化到每天的工作流程中。

那么，究竟如何做才能很好地运用 PDCA 笔记法呢？

## PDCA 笔记法的操作步骤

在方格笔记中，我们运用 PDCA 笔记法的操作步骤如下：

# 第 7 章 PDCA 笔记法

## 绘制 PDCA 笔记框架

在方格笔记本的一页纸上先画一个大方框，然后横向用一条横线、三条竖线把笔记版面分为页眉区域和四个板块。页眉区域平均分为左、右两个区域。PDCA 笔记框架如图 7-2 所示。

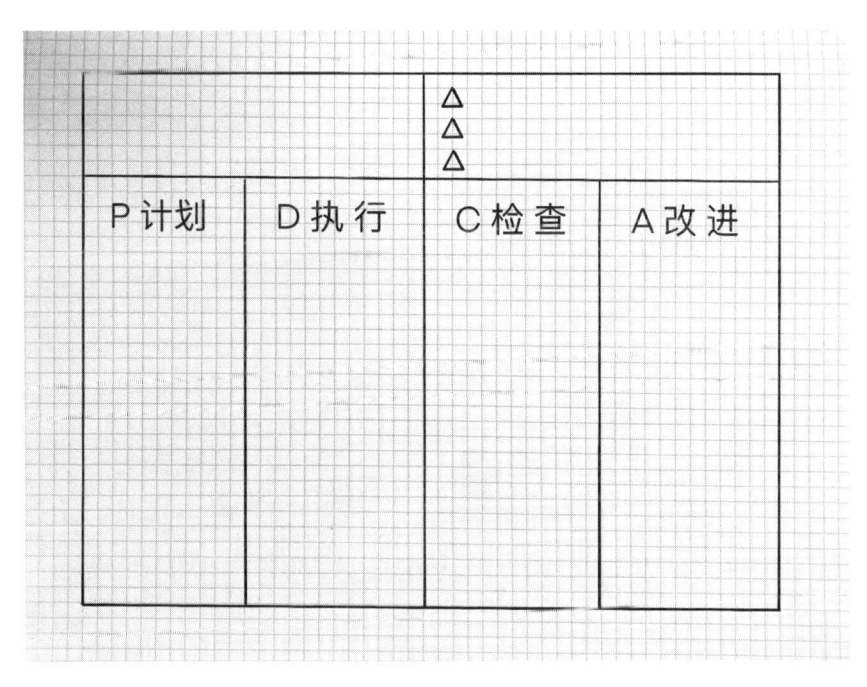

图 7-2  PDCA 笔记框架

在四个板块的上方用签字笔分别写上"P 计划、D 执行、C 检查、A 改进"。

绘制 PDCA 笔记框架大概需要两分钟的时间。我们开始动手绘制框架，就是在暗示自己将进入专注的深度思考状态。这个环节可以增加做笔记的仪式感。绘制 PDCA 笔记框架的这两分钟时间，是为我们的专注力投资的时间，不可马虎，千万不要省略这个环节。

方格笔记学与用

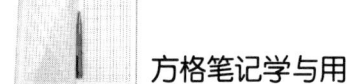

### 填写计划任务

我们在页眉区域的左侧写上期限和在此期限内要完成的主要任务。

我们在页眉区域的右侧写上在此期限内要完成的三项主要工作。

当写完页眉区域内容之后，我们将当日的行动项目和预期执行时间填入板块内。在填写时，我们对内容可以做优化调整。

我们将 GPS 的内容，尤其是将行动步骤（S）纳入行动计划中，变成每日的行动清单，成为计划栏（P）的来源。

### 执行并记录

在任务推进过程时，每当完成计划中的一个小项后，我们及时地把项目执行的结果记录下来。为了保持良好的工作节奏，我们可以先把 PDCA 笔记本打开放到桌子上，以便在完成计划项目时随手记录。

PDCA 笔记执行的重点是要把执行情况忠实地记录下来。每当完成某项任务之后，我们及时记录完成情况和完成时间，方便执行人在后续检查环节时总结经验并发现问题。如果某一个任务没有按计划完成，则要进行标注原因。

如果有临时出现的紧急任务打断了原计划的时间表，则要忠实地记录"未完成"情况，并简单地标注原因。发生了什么就记录什么，这是执行栏（D）的重点内容。

# 第7章
## PDCA 笔记法

## 检查与改进

检查栏（C）的要点是执行人思考计划和执行之间的差距，是提前完成、准点完成还是延后完成计划。如果有差距，就需要分析原因。

如果任务提前完成太多，那在很大程度上说明执行人高估计了任务的难度。如果下次是同样的任务，就应适当缩短任务的计划完成时间。如果任务延后完成太多，那可能是执行人高估了自己的执行能力。如果下次是同样的任务，就要增加一些同类任务的时间。

无论是哪种情况，在工作时运用 PDCA 笔记框架，用心地对工作任务、记录、总结、调整之后，做计划的精确度都会得到提高，我们对工作的判断和对自己能力的估计，都会越来越准确。

在改进栏（A）中的要点是根据计划和执行情况来分析任务的，如哪些该多做，哪些该少做，哪些该不做，什么新任务应该开始行动。

对检查栏（C）与改进栏（A），我们可以在工作过程中填写，也可以在当日所有工作完成时做总结或者在第二天上午先做昨日的检查和总结，然后做当日计划。这样也是可以的。

我们在刚开始做 PDCA 笔记时，可以以月、周、日的任何一种为周期。

月、周、日三种 PDCA 笔记的关系是在做月 PDCA 笔记时，计划栏（P）分为 4 周来做计划；在做周 PDCA 笔记时，以每天为单位来做计划；在做日 PDCA 笔记时，以主要任务预估的工作时间为主线来做计划。

PDCA 笔记，从月到周、从周到日，计划不断地细化。在执行时，我们可以看到过程和结果，更有助于自己总结经验和提高工作效率。

另外，我们还可以以项目的一个阶段小结为单位来做 PDCA 总结。比如，我对视频号一阶段的运营经验进行总结，通过 PDCA 循环，得出不少有助于下一阶段改进的经验，如图 7-3 所示。

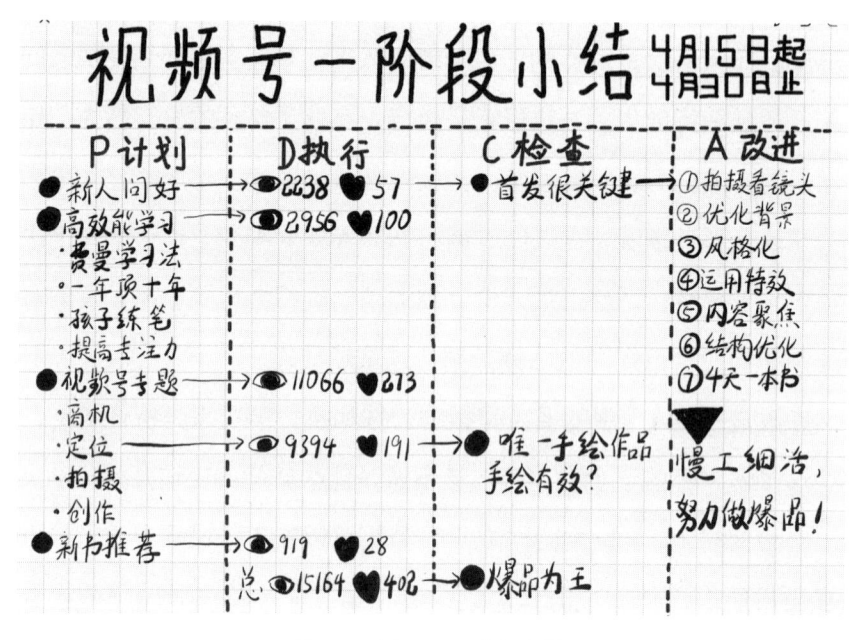

图 7-3　视频号一阶段小结

在做 PDCA 笔记时，我开始尝试用便笺纸补充 PDCA 笔记。

对一闪而过的想法，我用便笺纸记录下来，并粘贴在当日的 PDCA 笔记中，方便日后回顾。

这些便笺纸，可以以周为单位进行整理，等整理完毕后，就可以丢弃它们了。另外，还可以将便笺纸粘贴在原处，作为当日 PDCA 笔记的补充，这是很好的灵感来源。

# 第 7 章
# PDCA 笔记法

## ✎ "钻石四分" PDCA 笔记框架注意事项

在运用"钻石四分"PDCA笔记框架做行动笔记时，我们需要特别留意以下三个关键点。

### PDCA 笔记框架就是"钻石四分"

我们利用 PDCA 笔记框架，在每天或者每个项目结束间隙不断地总结，是积累经验、持续改进的好办法。我们在笔记中利用 PDCA 笔记框架，学以致用，用以促学，让随时随地的行动和总结成为自发的习惯，这是远比单纯做阅读笔记更有价值的学习方法。因此，对比麦肯锡黄金三分框架，我将 PDCA 笔记框架称为"钻石四分"，寓意是行动比思维更有价值。

### PDCA 工作法的关键在于转动

利用 PDCA 工作法的关键在于转动。在转动中，我们发现工作中的"真问题"，然后通过行为改进，努力解决"真问题"。在执行项目时，我们不能只停留在假设阶段。如果只有计划，没有后续的执行、检查、改进，那目标是"水中花、镜中月"，永远可望而不可及。我们快速地转动 PDCA 工作法，计自己快速地总结和学习，通过行动发现问题，在行动中总结，在总结中不断改进和提升，持续地转动，这是 PDCA 工作法的关键所在。

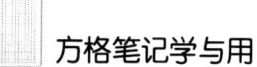

## PDCA 工作法的难点在于找到驱动力

要转动 PDCA 工作法,就需要找到驱动力。驱动力分为两种:一种是团队内部的驱动力,如团队成员对目标达成的期望、良好的思维和总结习惯等;另一种团队外部的驱动力,如部门的管理制度、工作流程等。只有将团队外部的驱动力和内在驱动力结合起来,PDCA 工作法才能很好地执行下去。如果只有团队内部的驱动力或者团队外部驱动力,那我们运用 PDCA 工作法很难真正收到预期的效果。

# 第8章

# 便笺笔记

在本章中,我介绍方格笔记本的最佳搭档,也是提升执行力的好工具——便笺。

便笺可以帮助我们最大限度地利用好自己的碎片化时间。无论是对个人的学习成长、写作,还是讲师的备课、授课,抑或是管理者的有效管理,便笺都是达成目标的好助手。

## 便笺的由来

便笺的发明源于一次意外。

20世纪60年代,美国3M公司科学家斯本瑟·斯宾塞博士发明了一种没有人多黏性的胶水。有一天,斯本瑟·斯宾塞的同事阿特·费兰在教堂唱诗班中唱诗。他从一本赞美诗中取出书签后,就想把书签贴在墙上,方便观看书签中的内容。于是,他把斯宾塞发明的胶水涂在书签

方格笔记学与用

的背面，方便粘贴。

原本他想要的是能牢固粘贴的书签，结果他发现所用的是没有太强黏性的胶水，并不能很牢固地粘贴在墙上，但这种书签能够方便地取下。书签经他改良后做成了便笺，广受欢迎，迅速在很多的国家传播开来。这就是便笺的由来。

便笺之所以受到人们的欢迎，是因为它优点突出，善加利用，能够在很多方面帮助人们快速记录重点信息以提高学习和工作的效率。在快节奏的现代社会，时间越来越碎片化。人们利用方格笔记本加上便笺，就是解决碎片化时代时间难以系统利用的方法。

忙碌且竞争激烈的职场如同战场，如何成为赢家？

我们需要有强大的"作战部队"来帮助团队解决工作中的那些难题或者帮助个人高效率工作。

A4方格笔记本好比强大的"装甲战车"，适合处理高难度的攻坚任务。也就是，在需要深度思考时，我们可以运用方格笔记本做系统化的深度知识生产和信息整理工作。

便笺的特点与方格笔记本的特点不同。50cm×50cm（或50cm×70cm）的便笺体积小，携带灵活，使用方便。它如同战斗力超强的特种兵，轻装上阵，快速反应，在高速运动中，可以在很短的时间内完成高强度的特殊作战任务。

对个人来说，无论是在工作中还是在生活中，便笺都能起到重要的作用。小小的便笺能够帮助我们随时做工作备忘录。如果将一闪而过的想法运用便笺及时记录下来并定期整理，我们就会发现自己拥有强大的想象力和创造力。这些想法可能会为我们开拓新的工作局面或者给我们

## 第8章
## 便笺笔记

的生活带来极大的改善。

对团队来说,便笺是收集每个人的工作经验,调动大家参与程度的利器。每个团队既有显性经验,又有很多的隐性经验。团队的隐性经验,由于岗位设置的原因,往往积累在不同的成员手中。一旦团队成员辞职或换岗,这些隐性经验没有留存下来,就是很大的损失。团队管理者要求团队成员利用便笺对行之有效的工作经验随时记录下来,然后定期整理。这些隐性经验以文档的方式留存下来,并成为培训资料。便笺成为个人和团队记录和整理有价值的隐性经验的好工具。

对职场人士来说,方格笔记本和便笺的组合,是提高工作效率的黄金搭档。

## 便笺的优势

(1)价格便宜。一本50张的便笺,价格不过几元,使用成本低,方便我们在工作和生活中高频使用。

(2)携带方便。便笺一般是50cm×50cm的正方形结构,或是50cm×50cm的长方形结构,携带方便,可以在很多场景中运用。

(3)随时记录。无论是乘车、候机、行走、阅读还是在电脑前工作,我们有任何灵感或者需要记录信息,都可以随时地记录下来。

(4)整理容易。我们可以随时随地地整理和重组便笺上的内容。因此,我们可以利用便笺汇聚群智快速地推进工作进度。

基于以上优势,无论是会议、培训活动、阅读、写作,还是产品开

111

发、课程研发，便笺都是方格笔记本的好帮手。

便笺已经成为我提高知识生产效率的好工具。2013 年，我在研读《视觉会议》时，就领悟到便笺蕴藏的巨大价值。于是，我在日常的工作和生活中尝试运用便笺，有了不少的实践心得。

另外，便笺是商业管理的利器。杰克·韦尔奇，被称为"CEO 的 CEO"，他是在 20 世纪 80 年代让通用电气公司起死回生的关键人物。他采用了群策群力的方法，让员工的积极性充分地调动起来，创造意识得以激发出来。在日常的经营和管理中，他利用便笺收集信息并快速地整理团队的建议。便笺是有助于提升团队战力的管理工具。便笺工作法，如图 8-1 所示。

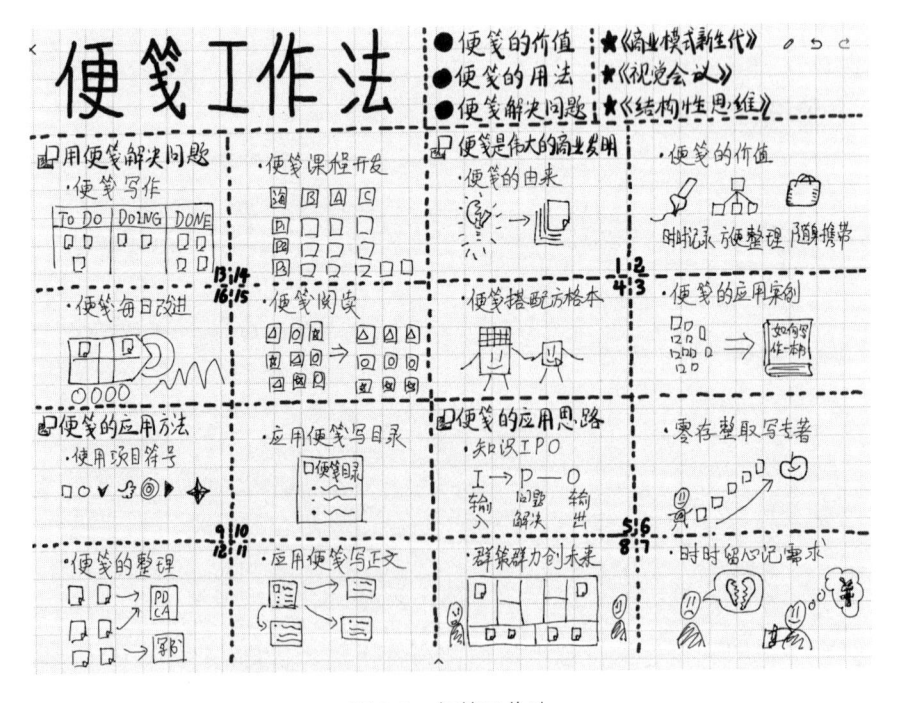

图 8-1　便笺工作法

第 8 章
便笺笔记

综上所述，无论对个人的学习成长、写作，还是讲师的备课、授课，抑或是管理者的有效管理，便笺都是潜力巨大的工具，也是方格笔记本的最佳搭档。

## 便笺的用法

### 便笺的使用步骤

根据不同的使用目的，便笺有不同的使用方法。如果使用目的是资料整理，无论是个人还是团队，就都可以参考以下的步骤使用。

（1）记录。记录的规则是使用同色便笺进行记录，一张便笺只写一条信息，这样做的好处是方便后续对信息进行整理。

（2）归类。首先，将信息内容完全一样的便笺前后贴到一起合并内容。其次，将信息内容相近的便笺上下贴出呈现，将信息不相关的便笺贴在一边。最后，将信息组控制为 3~7 个类别。

（3）命名。使用并记录不同颜色的便笺，将类别的名称写好并粘贴到相应的位置。

（4）整理。将分类并命名好的信息群组整理成电子文档或者对其进行视觉化加工，整理成日后方便使用的素材。

（5）归档。将记录好的内容保存至档案库或者电子笔记本中，方便后续调用。

便笺具有实用、灵活的特点。另外，对团队或个人来说，对比未运

方格笔记学与用

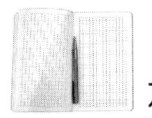

用便笺生产力状况与正确运用便笺后生产力的改进状况，便笺的使用成本是可以忽略的。

## 便笺的使用技巧

我们使用一定的书写技巧和整理技巧，可以有效地利用便笺。

（1）每段文字前都要有简单的项目符号图标。子弹头图标的作用是标注信息的层级。在书写时，我们利用项目符号图标标注信息的层级，可以让思路更加清晰。

（2）便笺有三种类型：目录便笺（见图 8-2）、内容便笺（见图 8-3）、图解便笺（见图 8-4）。每种便笺都要有标题。目标便笺是用便笺来标注目录的；内容便笺，就是运用便笺来书写具体内容的；图解便笺，是用便笺来做图解的。不管是哪一种分类，都需要写标题。在标题前面需要用上相应的项目符号图标来标注信息的层级。

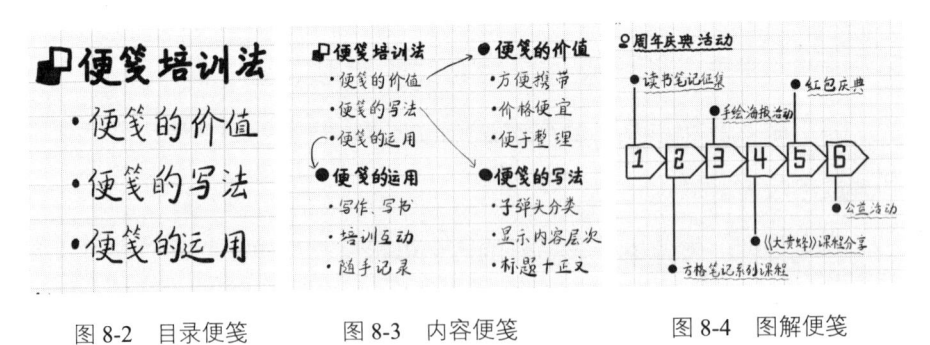

图 8-2  目录便笺　　　　图 8-3  内容便笺　　　　图 8-4  图解便笺

（3）定期整理便笺。一般以每天的 PDCA 笔记为主线，我们每天写的便笺粘贴在 PDCA 笔记当日板块中，然后每周或每月都对便笺内容进行整理。

# 第8章
## 便笺笔记

与近期工作无关的便笺，继续保留在每月的 PDCA 笔记中，未来我们在写其他主题时，也许能够利用这些便笺。

已经整理好的便笺，就可以丢弃处理，避免我们被过多的信息干扰注意力，浪费时间。

有规则地书写，定期归档整理便笺，我们对便笺不断地进行整理和"断舍离"。这是我们有效利用便笺的方法。

## 便笺的使用建议

针对不同的运用目标，我有不同的便笺运用建议。

（1）对准备提高学习效率的人来说，我建议运用便笺纸记录并分享知识点。

其中，提高学习效率的一个方法是学会用知识输出带动知识输入，这是一种高效率的学习方法。以方格笔记为例，在学习方格笔记时，你尝试给他人讲授方格笔记的重要知识点。如果他人能够清楚地听懂你的讲解，那证明你已经透彻掌握了这个重要知识点。如果他人听不懂，就要改变讲解方法，直到其他人能清楚地理解你的讲解，才说明你真正掌握了这个重要知识点。

在阅读或听课时，我们可以把知识点用便笺记录下来，然后尝试运用这些便笺向他人讲授这些知识点。这是诺贝尔奖获得者费曼倡导的学习方法。

我的习惯是，当看到有价值的信息时，先记录下来，然后第一时间与周围朋友分享。后续在总结经验的基础上，我不断向不同的听众讲解

## 方格笔记学与用

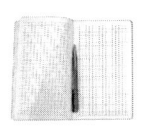

这个有价值的信息。在讲解的过程中，我的记忆会得到巩固，理解力不断强化。用知识输出（Output）倒逼知识输入（Input），用学习到的知识帮助个人和他人解决现实问题（Problem-solving），这就是快速且有价值的学习方法。

用便笺快速记录、快速思考、快速分享，这是我的第一个建议。

（2）对准备提高写作效率的人来说，我建议一定要将便笺纸和方格笔记本结合起来使用。这样不但能够系统地、深入地思考，而且能够把很多的碎片化时间利用起来，推进写作进度。

方格笔记本在帮助我们系统思考方面有着得天独厚的优势。

在写作时利用方格笔记本，可以帮助我们深入地、全面地思考。

当然，"巧妇难为无米之炊"，写作需要素材。没有素材，再好的选题和角度都难以写得出彩。

积累素材，最有效的方式就是携带便笺，遇到有价值的信息就快速地进行记录。无论是一闪而过的灵感，语出惊人的金句，还是精彩的案例，我们都可以用便笺快速地记录下来，然后粘贴到方格笔记本中备用，这些有用的素材，可能成为日后写作的素材和灵感的来源。

运用便笺快速记录；运用方格笔记本快速整理，快速地提高写作效率，这是我的第二个建议。

让我们一起来享受运用思维工具带给我们丰硕的成果吧！

## 本篇总结

## 方格笔记果敢行动

　　方格笔记不仅可以帮助职场人士提升思考能力，而且可以帮助职场人士逐渐养成果敢行动的习惯。职场人士要取得新的成果，就需要有新的行动，通过 GPS 工作法，梳理达成目标的关键步骤；通过行动阅读，探索达成目标的关键行动。PDCA 笔记框架是让职场人士不断总结经验、持续进步的行动框架，而便笺可以帮助职场人士最大限度地利用好碎片化的时间。

　　在系统思考的基础上，快速地、果断地行动和持续地改进，是职场人士达成目标的核心要素。方格笔记本加上便笺的组合是职场人士快速飞向理想成果的加速器。

# 用篇
## ——放心用

行是知之始，知是行之成。

——陶行知

# 用篇
## ——放心用

获得成果是学习的价值所在。针对写作、开发课程、自我管理等不同的目标，我总结了不同类型的方格笔记运用框架和运用流程。

如果目标是写作，那如何快速地写出一篇高质量的文章或者写出一本有水准的书？方格笔记与讯飞语记的组合是非常好的快速写作工具。

职场人士可以在方格笔记本上快速地写出头脑风暴的内容，然后利用讯飞语记进行语音输入，进而整理内容，可以极大地提高了写作效率。

如果目标是开发课程课程，那如何快速地开发高质量的课程呢？

我有丰富的利用方格笔记开发课程的经验。过去四年，我开发的培训课程超过 300 节。

快速地开发高质量的课程的秘诀就隐藏在方格笔记中。

课程开发画布是为开发课程的老师准备的秘密武器。

如果目标是自我管理，如职场人士每天都有看得见的进步，那么可以在方格笔记本上运用 PDCA 笔记框架，就是行之有效的自我管理方法。

运用九宫格框架，职场人士在方格笔记上既可以快速地做知识整理，也可以用来写作、练字。

"用"篇的目标，就是帮助大家系统思考和果敢行动，运用笔记框架和思维工具，高效能地做出成果的系统方法。

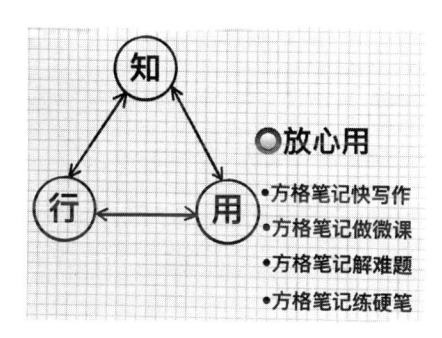

○放心用
• 方格笔记快写作
• 方格笔记做微课
• 方格笔记解难题
• 方格笔记练硬笔

# 第 9 章

# 方格笔记快写作

如果文字工作者想提升自己的写作能力，以应对平时写文案、报告或新媒体文章的任务或者想实现自己的写书梦想，那么应该怎么做呢？

经过长时间的探索，我设计了方格笔记快速写作的方法。这种写作方法，主要用到了方格笔记和讯飞语记 App 两种写作工具。

方格笔记的作用是作者通过深度思考，快速地梳理文章的整体结构，设计内容框架；讯飞语记 App 的作用是快速地录入文字。录入的文字经过作者整理后，就可以成为作者在自媒体平台上发布的文章或者书籍的部分内容。

要实现快速写作，就需要三个前提条件：第一，对将要写作的内容有一些积累和思考；第二，对写作的主要环节有所认识；第三，对写作的每个主要环节运用的写作工具非常熟悉。

做到以上三点，文字工作者就具备了快速写作的前提条件。

为了用好写作工具，首先我们需要熟悉常用写作工具的用法。

# 第9章
## 方格笔记快写作

对写作的每个主要步骤，我们都应选择相应的实用工具以达到提高写作效率的目的，这是快速写作的最大秘诀。

## 快速写作的实践

怎么实现快速写作？答案就是坚持写作的刻意练习并运用写作工具。

首先，关于写作的刻意练习的必要性，我有正反两个方面的经验教训。2017年之前，我的写作速度不快，曾经有一段一整天写不出100字的瓶颈时期。经过有意识地做写作的刻意练习，我的写作能力有所提升，写作状态好的时候，可以写12小时，写出8000字，这算是我写作速度的上限了。

在不断做写作的刻意练习的同时，我一直在寻找快速写作的新方法和新工具。

"练练不忘，必有回响"，经过不断的探索和练习，2020年3月20日，我终于找到了快速写作的新工具。

当天，在灵光闪动之下，我设计了新的写作流程，并运用新的写作工具——讯飞语记来写作，经过实践检验，我的写作速度有了快速的提升。

我第一次正式运用讯飞语记写文章，文章标题是"如何快速写作"，结果1小时我就写出了2000字，这是我过去难以想象的写作速度。

## 方格笔记学与用

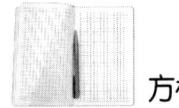

具体做法是，我把 1 小时的时间分解为 3 个时间段。这 3 个时间段分别对应 3 个主要的写作步骤。

（1）用 20 分钟进行头脑风暴并梳理文章的结构和内容。这 20 分钟分为两个阶段：先花 10 分钟在方格笔记本上做文章内容的头脑风暴，再花 10 分钟用电脑思维导图整理并细化头脑风暴的内容。

（2）用 20 分钟利用讯飞语音录入文字。当完成两个阶段的头脑风暴后，文章的结构已经基本形成，文章的内容也比较详细，这样就可以把文章内容用语音录入的方式转化成文字做文章输出。具体做法是一边看着电脑思维导图，一边运用讯飞语记口述转化成文字，把文字内容拷贝完成后，保存到印象笔记中并做初步的优化和修改。

（3）用 20 分钟修改并发布文章。对文章做进一步的修改，然后发布到微信公众号或者其他自媒体平台。

运用新的写作流程和写作工具，从文章的创意到文章的发布，整个写作流程只需要 1 小时，成果是 2000 字的文章。我的写作速度有了飞跃般的进步。

在没有运用讯飞语记之前，这个写作速度是我难以想象的。

这只是我运用讯飞语记的初步体验，现在我已经将这种写作方法运用到其他书籍的写作过程中。随着我对写作工具的不断熟悉，熟能生巧，这种写作方法可以极大地提高我的写作速度。

如果你也打算尝试快速写作，就可以试试这种写作方法。当你熟练运用这种写作方法之后，你的写作速度将极大地提高。

第 9 章
方格笔记快写作

## 快速写作的流程

经过持续的刻意的写作练习并不断总结运用写作工具的经验，我目前的写作速度已经有了极大的提高。经我指导的学员也能达到 1 小时写作 2000 字的成果。

如何在快速写作的同时写出高质量的文章呢？

**用写作流程来保障写作质量，用写作工具来提高写作速度，这是我总结的写作诀窍。**

写作流程和写作工具是快速写作的两个关键因素。

假设我没有经过关键词头脑风暴、内容排序、关键词开花等环节，没有写作的准备步骤，而是直接打开电脑就写，那么我有可能连一段优美的句子也写不出来。因为如果没有系统思考做前提，再好的写作工具也难以发挥真正的价值。

如果写作步骤有误，就很难快速地写出文章。

经过不断探索快速的写作流程，我的写作经历了从"1.0 版本"到"2.0 版本"的升级过程。

"1.0 版本"快速写作流程，具体分为 5 个步骤：

（1）头脑风暴。在头脑风暴阶段，一个基本的技巧是将手机放在一边，拿出纸和笔来做灵感涂鸦。涂鸦是快速催生头脑灵感的重要方法。

（2）内容逻辑化。内容逻辑化的基本工具是金字塔原理，也可以运用鱼骨图或表格的方式对头脑风暴的内容进行整理。在整理头脑风暴内容时，使用关键词可以快速地输出文章内容。在内容逻辑化阶段，不要纠结于文字细节，而要把文章内容的逻辑主线梳理出来。

（3）内容视觉化。内容视觉化的工具包括课程开发画布、故事板等。课程开发画布是由我原创设计的，而故事板起源迪士尼的视觉化工具。视觉化工具主要起到三个作用：一是可以降低创作的难度；二是把内容场景化，增加针对性；三是激发写作的灵感。

（4）文字录入。将视觉化内容文章，用电脑录入文字。

（5）文章输出。文章既可以放在印象笔记中，也可以粘贴到公众号后台，经排版后再发布。

这个"1.0版本"的快速写作流程，帮助我完成了《如何写作一本书》《思维导图学与用》两本书的创作，是有实践价值的。

当写完这两本书后，我在总结写书经验的基础上，进一步思考的问题是：如何更快、更好地写书？

经过认真的琢磨和尝试，我在写本书时，在原来的写作流程和写作方法的基础上，总结出了"2.0版本"的快速写作流程。

（1）用方格笔记做头脑风暴。

（2）运用讯飞语记快速地录入文字。

（3）修改并发布文章。

与原来的写作流程相比，升级后的写作流程，不但精简了两个主要步骤，而且细化了头脑风暴的流程。头脑风暴流程的细化，有助于我更快速、高效地形成文章脉络。此外，讯飞语记取代了键盘录入文字的方

# 第 9 章
## 方格笔记快写作

式。这一变化把文字录入的效率提高了至少 1 倍。

运用新的写作流程，对有工作经验及有写作基础的朋友来说，就可以快速地写出结构清晰、内容丰富的文章。

与"1.0 版本"的快速写作流程相比，"2.0 版本"的快速写作流程是更简单实用的写作方法。

这种方法简单到我家上小学二年级的孩子都会使用。他运用"2.0 版本"的快速写作流程，在一周时间内"写"了 1 万多字的游记。上小学二年级的孩子，虽然写字速度比较慢，但对游学景点的印象是非常深刻的，因此运用语音输入文字的方法，就可以把游学的经历用口述的方式整理出来。

"2.0 版本"的快速写作方法的关键是，用方格笔记做头脑风暴，用讯飞语记来录入文字。

用方格笔记做头脑风暴可以快速形成文章的脉络；用讯飞语记可以快速地将文章脉络转换成文章内容。

写文章没有脉络是不行的，而只有脉络不会运用讯飞语记也是不行的。

如果不会用语音输入文字，而是用电脑录入一个个的文字，那么效率不仅慢，而且写作会变得很辛苦，长时间的高强度码字工作容易造成手腕酸痛。

对想快速写作和写书的朋友来说，"2.0 版本"的写作流程是能够快速地达到目标的好方法。

方格笔记学与用

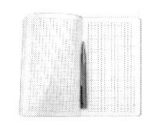

## ✎ 快速写作的方法

"2.0 版本"快速写作方法主要有三个步骤：做头脑风暴；运用讯飞语记快速录入文字；在自媒体平台公开发布文章。

### 做头脑风暴

要想快速写作，就需要先确定主题，再确定内容。主题和内容的确定都可以用方格笔记做头脑风暴来快速完成。

在准备写作之前，首先要解决"写什么"的问题，也就是确定写作主题。写作主题来自写作目标。写作目标不同，写作主题就是不同的。例如，我曾经为了练笔并记录孩子成长的点滴，写了一些亲子教育方面的文章。这些文章发布在"思学老师"公众号上。当练笔阶段结束后，我就开始写职场工作技巧方面的文章，这些文章发布在"智慧蜡烛"公众号上。

最近，我的写作目标是写《方格笔记学与用》一书，因此写作主题就是方格笔记。

如何运用方格笔记规划写作主题呢？

方法很简单，用 4 小步即可完成。

（1）绘制主题头脑风暴框架。在方格笔记本中，用虚线把一页方格纸分为页眉区和 9 个矩形框，如图 9-1 所示。

# 第 9 章
## 方格笔记快写作

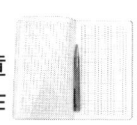

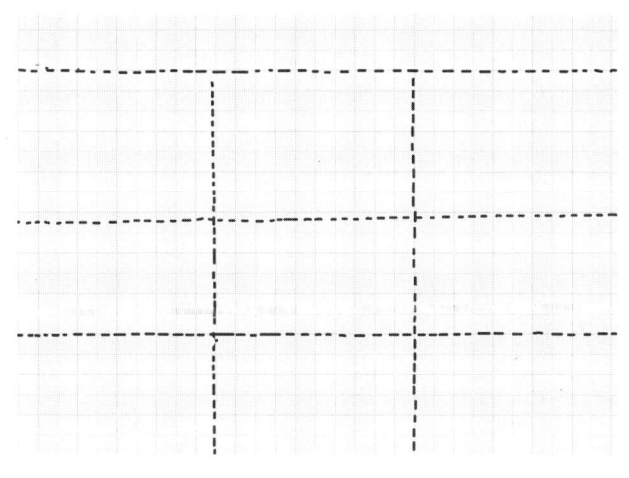

图 9-1　绘制主题头脑风暴框架

（2）填写框架标题。在页眉区，填入当日日期及标题，例如，当日是 2019 年 10 月 5 日，标题是"未来一个月写什么？"，如图 9-2 所示。

标题一旦确定，主题的方向就锁定了，后续的思维就要以主题为中心展开介绍。

图 9-2　填写框架标题

（3）将想到的主题填入 9 个矩形框中。主题可以是单纯的练笔计划，也可以是结合近期的工作目标进行系统化的写作。比如，想做讲师的读者，可以尝试写高效教学的系列文章；想学好方格笔记的读者，可以尝试写方格笔记学习、练习的系列文章；如果家里有孩子，就可以尝试写家庭教育的系列文章。

## 方格笔记学与用

围绕主题写系统化的文章，不仅会让人的思维更全面、严谨，而且方便日后将文章汇总成书。

写满 9 个矩形框（见图 9-3）后，就可以大概确定未来一个月的写作主题。

图 9-3 填写写作主题

（4）用数字序号对准备写作的主题进行排序（见图 9-4），序号在前的先写，序号在后的后写。图示的排序标准是根据个人的工作习惯和生活习惯安排来确定先后顺序的，也可以根据个人的写作习惯安排写作主题。通过这样的排序，我对未来一个月要写作的主题就基本明确了。

在写作的过程中，如果有新的主题，还可以对主题进行调整。

在写某篇文章的过程中，也可以用方格笔记做头脑风暴框架和写作流程，规划文章的大体内容。

运用方格笔记确定写作内容的头脑风暴步骤与确定主题的头脑风暴步骤是一样的。

# 第 9 章
## 方格笔记快写作

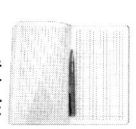

图 9-4 对写作主题排序

（1）绘制内容头脑风暴框架。我们可以用 4 条横线、3 条竖线，把 2 页方格笔记分为页眉区和 16 个内容区域。例如，我规划的 16 个内容区域，计划写 4000 字左右的文章。读者也可以根据自己的规划进行创作，安排 4~20 个内容区域。

（2）在页眉区写下日期和标题，标题用问句，方便聚焦问题的答案。

（3）将内容关键词依次写出来。将所想到的关键词写到每个内容区域的中央，每个内容区域写一个关键词，直到写完所有空白区域。

（4）用红笔对关键词进行编号。编号的顺序，就是文章逻辑主线的规划顺序。

（5）关键词开花（见图 9-5）。对每个关键词都运用思维导图做分解，细化联想。

**方格笔记学与用**

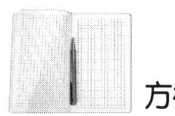

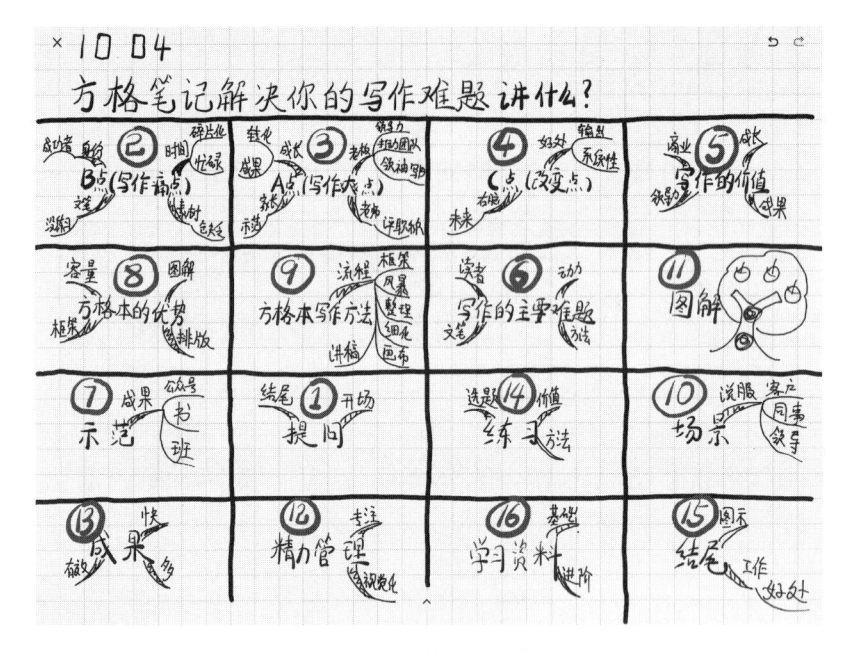

图 9-5　关键词开花

## 运用讯飞语记快速录入文字

运用讯飞语记快速录入文字是指文章作者用讯飞语记 App，以语音方式录入文字的写作方法。如果文章作者的发音标准、录音清晰，语音录入的速度就会非常快。讯飞语记识别率较高，文字转化效果较好。

付费的讯飞语记 App 在语音录入转化文字方面与免费的讯飞输入法相比，其优势比较明显。例如，输入的时间可以不受一分钟的限制；当作者需要调整内容时，可以把光标移到相应的位置上做删除或增加等操作。

从使用效果来说，免费的讯飞输入法没有付费的讯飞语记 App 转化效果好。利用这种付费的讯飞语记 App 进行语音录入，可以快速地输出文字内容。

讯飞语记 App 的运用方法：首先打开讯飞语记 App，然后打开绘制在方格笔记本上的思维导图，以此图为基础，对文章内容进行口述录入。对口述后显示出来的文字，即使觉得不准确，也不用管。当口述结束后，再对文章内容进行与调整。

使用讯飞语记 App，可以快速地完成文章初稿，然后在初稿的基础上对文字进行润色。

## 在自媒体平台公开发布文章

当文章润色好之后，就可以进行排版和配图了，然后发布在自媒体平台上。

也可以把文章保存在印象笔记中，同时注意对文章标题进行编号。编号的好处是如果后续需要调整文章内容，或者对书稿进行汇总，就可以方便地做相应的操作。

# 第 10 章

# 方格笔记做微课

受各种因素的影响，2020年开春后的一段时间，不少企业严控支出，储备粮草过"寒冬"。但很多企业对学习的投入，不敢大幅度削减。

学习的成本高。如果不学习，就会失去成长的机会，学习的成本会更高。

在这样的背景下，一些企业安排管理者做微课来分享其工作经验。

讲好课的前提是备好课。管理者在不干扰日常工作的前提下，如何快速地、高质量地备课，更好地将工作经验分享给团队伙伴呢？

利用方格笔记做微课，是帮助管理者快速备课并提高授课效果的好方法。

# 第10章 方格笔记做微课

## ✎ 微课大价值

### 微课的定义

首先对"微课"一词的定义进行解释。

（1）微，微小也。对比企业过去的内训课程，微课是节奏更快、精准度更高的课程。

传统的学习以年、月、日来计算时间；而微课以分、秒来计算时间。例如，思学平台的每节课程的时长为 30~60 分钟。

企业视频微课的时长只有几分钟。开发这样的视频微课，就要以秒为单位来规划视频微课的时间。

（2）微，微信也。微课主要是利用微信平台作为交流渠道进行授课、指导、交流的授课方法。

虽然微课的时长通常比较短，呈现形式多种多样，但经过精心设计的微课效果不一定比传统课程效果差。俗话说，浓缩的才是精华。老师设计微课所花费的心思和精力，可能会超过传统课程所花的心思和精力。

### 微课的呈现方式

微课主要有三种呈现方式：第一种是微信群里的图文方式；第二种是公众号中的文字方式；第三种是短视频的方式。

例如，本章内容来源于图文方式的微课。2019 年 10 月 12 日，我在

**方格笔记学与用**

微信群分享过这个微课，后来把它整理成公众号的文字版本，方便大家巩固知识点。我在写本书时，经过进一步的优化，将一些知识点整理为本章内容。

文章可以是微课内容，而且是一种非常灵活的微课方式。

过去，我讲授过很多短视频的课程，它们经过整理成为文字版本的微课，方便读者收藏与阅读。

对微课感兴趣的朋友在任何有网络的地方都可以通过阅读来学习。

图文和短视频方式的微课，有穿越时间和空间的力量！

微课的三种呈现方式各有优势。图文微课在微信群里交流授课的互动性较好；文字微课，便于观众保存和传播；视频微课更加直观，更容易让观众掌握重点内容。在设计、开发微课时，我建议将微课的三种呈现方式结合起来。

微课的三种呈现方式可以相互转化。当我计划分享微课时，会提前把文字微课的内容写出来，先在微信群中分享，然后公开发表。这样不但方便我整理知识，而且方便观众学习后做深度阅读和收藏，以提高学习的效率。另外，还可以快速地录制成短视频微课进行分享。

微信的系列功能，比如微信群、公众号、朋友圈、视频号、腾讯直播都是分享微课便捷且高效的体系，其利用价值值得我们深入挖掘。

### 微课的价值

在微课开发和讲授方面，我积累了非常丰富的经验。

# 第 10 章
## 方格笔记做微课

另外,我发现有些企业管理者、学校老师及个人对微课的价值认识还不到位。

微课教学与传统的学校课程教学相比,效果各有千秋,但微课教学成本低,综合比较微课教学有明显的优势。

(1)微课有助于提高企业培训的有效性。

很多企业培训是企业管理者强压的学习任务,培训内容与员工的关注点不一致。员工原本就不太愿意参加企业培训,更何况培训结束后还有一系列工作要处理。上课时,经常出现"人在教室,心在岗位"的情况,培训效果可想而知。

如果针对员工的学习需求,企业开发出系统的微课体系,员工在面对问题时,无须离岗,可以随时打开公众号课程文章或者短视频进行学习,在很短的时间(几分钟内)内学习微课内容,就可以快速找到解决问题的答案,由此完成工作任务,这样的学习更精准有效。

对比较急迫掌握的学习内容,如果企业培训部门能够快速开发微课,从产生培训需求到实施微课内容培训,在一周内完成从调研培训需求到员工解决问题能力和工作能力不断提升,这是企业梦寐以求的学习方法。

(2)微课有助于提高学校的教学质量。

传统的学校课程教学是指在教室里,老师讲课、学生听课。

学生的情况不同,有的理解力强,有的理解力弱。如果老师讲课照顾了理解力强的学生,加快了学习的进度,提高课程的信息量,理解力弱的学生就会感觉跟不上,听得云里雾里;如果老师照顾了理解力弱的

方格笔记学与用

学生，将一个知识点掰碎了一点一点地详细讲解，理解力强的学生就会觉得老师讲课太啰唆，课程的信息量小。

在现场听课时，如果学生听不懂，通常不会打断老师的讲课节奏进行提问，心中的问题不能及时得到解决，疑惑就成了学习的"拦路虎"。对缺乏学习能力的学生来说，传统的教学模式很容易打击学生的学习积极性。

如果学校能够针对学生常见的问题并结合教学大纲，组织教学团队开发生动有趣的系列微课，学生对知识难点可以先自己学习相关内容，当遇到问题时，先把问题记录下来，然后在上课时向老师请教，学生的疑惑能够在课堂中得到老师快速的解答，学生的学习兴趣和信心就能得到增强。教师将知识点做成系列微课，通过课下预习、课堂解惑的方式来翻转课堂，学生的学习能力明显增强，学生的学习效率也能得到明显提高。

（3）微课有助于提升个人能力。

对个人来说，微课是简单易行的教学方法，是提升个人能力的渠道。

教是最好的学。如果你想精通某个领域，除了用心阅读和做练习，还有一个好方法：将自己学习并有一些实践经验的知识点开发成微课，通过讲课，你能很好地理解知识点的内容，不仅有最大化的收益，而且可以得到听众真实的提问和反馈，这将有助于你的成长。因此，用教来学是个人加速学习的秘密武器。

当阅读或者想到有价值的想法时，我首先会用心思考，然后分享给他人，如孩子的妈妈或者朋友，或者干脆开发成微课，或者写成文章分享。

# 第10章 方格笔记做微课

读书后想，想后做，做后讲，讲后写文章，写文章后继续读书，这样循环往复，我们对问题的理解越来越到位，甚至可能达到"专家"的程度。当知识积累到系统化的程度时，我们就可以尝试开发成系列课程，或者写成系列文章，甚至写成书，将系统化的知识变成用户感兴趣的价值内容。

对企业、学校、个人来说，要实行微课教学，关键是要开发高质量的微课体系。

## 微课体系的开发

如何开发高质量的微课体系呢？

有授课任务的管理者，通常会有如下的顾虑：

（1）我开发的课程，别人不感兴趣，怎么办？

（2）我开发的课程，没有价值，怎么办？

（3）我开发的课程，不能吸引用户，怎么办？

这三个问题，可以说是微课开发的三只"拦路虎"。如果不解决这三只"拦路虎"，管理者就不能轻装上阵，无法开发出有价值的系列课程。

在此，我提供专业的工具，帮助管理者解决这三个难题。

（1）我开发的课程，别人不感兴趣怎么办？解决办法：开发用户感兴趣的微课，基本工具是用户需求画布。

（2）我开发的内容，没有价值，怎么办？解决办法：开发充满灵感的系统化课程，提升课程价值。基本工具是灵感画布。

（3）我开发的课程，不能吸引用户，怎么办？解决办法：图文并茂，

# 方格笔记学与用

视听双通道出击，绘制课程画布，用知识的魅力吸引用户。

针对应微课开发的三个问题，接下来我给大家介绍用户需求画布、灵感画布、课程画布这三个工具帮助大家轻装上阵，高效工作，快速地攻克开发系统性微课的难关。

我相信，通过分享这三个基本工具，可以帮助大家解决开发微课的三个难题。每家企业、每所学校都应该有各自的微课体系，运用这些微课开发工具，并持之以恒地进行练习，每个人都可以成为微课开发和微课讲授的高手！

## 主题缘于用户需求

在正确的方向上努力，这是很重要的选择。那么，对准备开发微课的管理者来说，什么是正确的方向？开发对用户有价值的微课就是正确的方向。什么样的微课选题可以称为有价值的微课呢？

从哲学的角度来讲，价值的定义是事物属性对于主体的有用性。

如果离开用户的现实需要来谈论微课的价值，就是没有意义的。

谈论有价值的微课，就是课程本身质量过硬，能够满足听众的现实需要。

对用户来说，微课的价值来源两个方面：缓解痛苦和达成梦想。

换句话说，能够帮助用户解决工作和生活中的难题的微课，就是有价值的微课；能够帮助用户达成梦想，真实地为他人赋能微课，就是有价值的微课。

# 第10章
## 方格笔记做微课

用户在工作和生活中的痛苦和梦想是讨论课程价值的逻辑前提条件。有价值的微课,能够帮助听众"离苦得乐"。开发的微课,就是帮助用户"离苦得乐"。

没有课程开发经验的人,将课程开发的重点放在课程本身,经过不断的努力,课程逻辑越来越清楚,课件越做越精美,但越来越脱离听众的实际情况,这样的课程就成为好看而无用的"屠龙之技"。

有课程开发经验的人,会将课程开发的重心放在用户身上。

《道德经》曰:"圣人无常心,以百姓心为心。"如果你真的学会站在解决他人的痛苦和达成梦想角度来开发微课,真诚地帮助他人解决问题,那你的微课就是有价值的。

有价值的微课的设计基础,是微课开发者站在用户真实需求的角度开发课程。

如何挖掘用户的真实需求?

最重要的方法是认真做微课需求调查。如果没有做微课需求调查,就没有授课权!

微课需求调查的方式,既可以在线调查,又可以用表格收集,也可以是面对面的访谈交流。

在社交场所,用心倾听他人的讲述内容,也是了解他人需求的好办法。

在完成微课需求调查后,微课开发者对课程的目标用户进行微课需求画布,会让微课的实用性更强。

绘制用户需求画布是提高微课实用性的工具。

方格笔记学与用

不同的对象，其需求是不同的。老师需求画布和老板需求画布分别如图 10-1、图 10-2 所示。

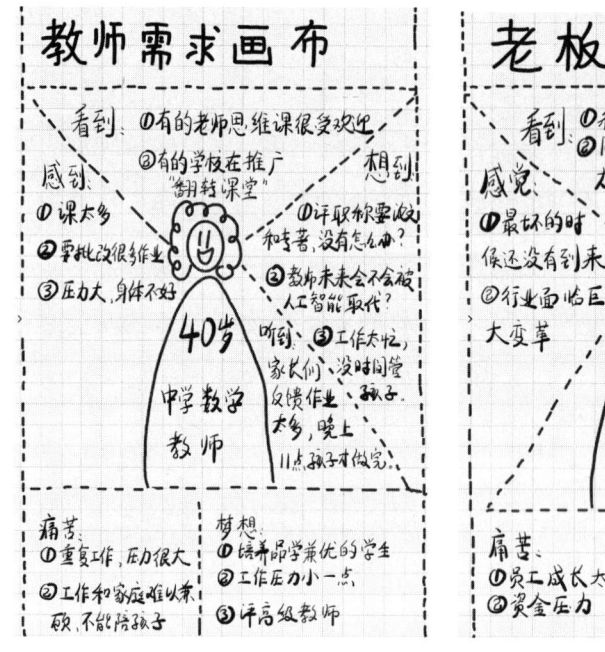

图 10-1　教师需求画布　　　　　图 10-2　老板需求画布

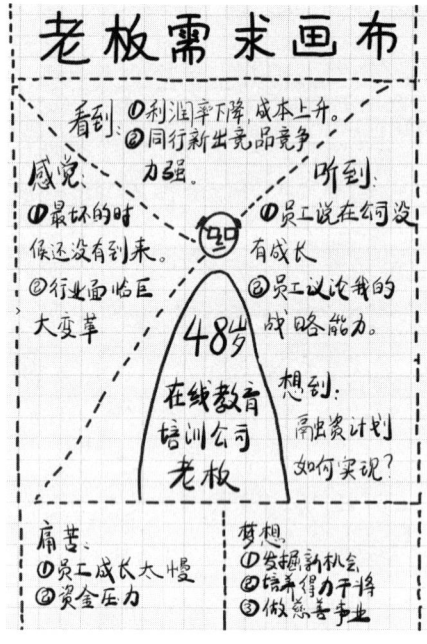

如果微课开发者初次尝试绘制用户需求画布，则可能感觉无从下手，其原因在于过去微利开发者对用户的需求关注比较少。

先做起来再说，经过不断的调查、交流、总结、实践，绘制这张用户需求画布会越来越精准，课程主题的准确度也能得到提高。

如何快速地调查某一类用户需求？

一个基本技巧是绘制个人的需求画布。

例如，管理者把自己作为一个真实的案例进行研究。管理者分析自己曾经经历的挑战，过往的幸福和痛苦，花时间总结的经验，对未来的设想，都可以用心地记录，变成自己的第一张需求画布。

管理者曾经解决过的某个难题，可能很多人也在面对同样的难题，而且感同身受。那么，管理者对自己的智慧和经验进行总结并开发成课程，通过分享微课，帮助他人解决难题，这就是有价值的微课。

这些有价值的经历，如同埋在自家后院的钻石一样，隐藏在每个人的经历中，等待被发掘，等待被开发成课程，变成成果和财富。

管理者绘制好自己的需求画布，再不断地研究、丰富、补充其他人的需求，对授课对象的研究会越来越精准，微课的价值就会越来越大。

管理者把自己和授课对象最紧迫的需求，列上30~100个，然后对这些需求进行归类整理，微课主题清单也就呼之欲出了。

经过真实调研后的总结，这些主题都是有价值的，既可以帮助管理者系统思考问题，也可以帮助其他人解决问题。

从满足授课对象需求的角度思考问题，管理者在正确的方向上努力，功夫就不会白费。

## 内容就是止痛药

用户打开课程链接，准备上微课，都是带着问题和需求而来的。这犹如病人来到医院，一定是有需求的，有痛苦才会来医院的。病人来医院了，如果医院没有医生，也没有药，不能真正帮助病人解决问题，那么病人会怎么评价这家医院？

用户带着期望来上微课，而微课能解决他们在工作和生活中的痛苦吗？能够帮助他们达成梦想吗？

"病人有痛苦、有需求，但你有止痛药吗？"

我把医生治病与微课开发本质相同的部分进行对比说明，是为了让大家更好地了解自己，更好地做备课的准备。

每位医生都有各自擅长的治疗领域。例如，皮肤科的专家，未必能解决骨骼的问题。如果病人呼吸道有问题，不去咨询呼吸内科的医生，而去咨询外科医生，那可能得不到专业的治疗。

医生要诊断病人的病情，需要长时间的理论知识学习，运用工具，临床观察，掌握药品的特性，不断积累各种理论知识和实践的经验。

要想开发系列的微课，管理者需要明确自己擅长解决"谁"的"什么"问题。哪个领域是管理者的优势区域，是管理者能够有效地帮助他人解决问题的领域。

管理者要有清晰的授课定位，首先要挖掘自己的优势。管理者在界定自己核心优势的基础上，不断地通过阅读、练习、实践、总结等方法积累经验，积累解决问题的方法，不地打磨微课，更好地帮助他人解决问题。

为了更好地帮助他人解决问题，管理者需要学会有价值的深度阅读。

牛顿说："如果说我看得远，那是因为我站在巨人的肩上。"登高才能望远。比站在一位巨人肩上看得更远的方法是站在一群巨人的肩上看世界。具体是通过做有价值的主题阅读来开阔眼界，积累知识。目标主题领域中的所有经典书籍都不要错过。

围绕着目标主题，通过大量阅读，快速阅读，认真做笔记，不断总

# 第 10 章
## 方格笔记做微课

结。把目标主题领域的经典著作都阅读完，然后用几年时间认真阅读一个领域的经典书籍，认真实践、验证学到的核心知识，将会建立起专业的知识体系。

俗话说：太阳底下没有新鲜事。

大家面对的问题，在经典著作和学术刊物中，可能有解决问题的办法。

带着问题，主动做有价值的主题阅读，把通过阅读积累的解决问题的方法开发成微课。在授课中不断根据用户的反馈进行调整，不断升级微课内容，这是快速地提高授课能力的方法。

除了主题阅读，实践是积累经验的重要渠道。

如果你擅长在某个领域解决某类人群的某类问题，比如在帮助他人提高工作效率方面，有长时间的知识积累和丰富的实践经验，那现在就是把这些经验萃取成课程并进行分享的好时机。

萃取经验、开发微课的工具是内容灵感画布。

内容灵感画布，就是快速生成课程内容结构的方格笔记模型。

内容灵感画布的工作流程很简单，与写作头脑风暴的步骤是一样的。

（1）在方格本笔记本上画出框架图。框架图分为页眉区和 16 个矩形框的内容区。

（2）在页眉区左边，写上时间和主题。

（3）在内容区写上课程内容的关键词。关键词写在矩形框的正中央，大约占矩形框的 1/9。然后继续写关键词，直到 16 个矩形框都装满关键词。

方格笔记学与用

（4）编号排序。在课程内容的关键词的上方按讲授内容的顺序进行编号。编号的顺序，就是课程内容的路线图走向。

（5）关键词开花。把关键词编号后，以每个关键词为中心做中心图，朝向 3~4 个方向拓展内容细节，并把细节关键词，也按照思维导图的模式，写到线条上方。

在完成上述步骤后，课程的逻辑主线和内容素材的草稿基本就绘制出来了。

## 结构化备课

只要有了课程的逻辑主线和内容素材，就需要把课程的内容课件设计出来。设计课程内容课件的方式是绘制课程画布。课程画布的结构与灵感画布的结构相似。课程画布是一种能够帮助我们快速地开发出高质量课程的成果工具。

为什么要有绘制课程画布的环节？

课程画布既可以为课件制作打下基础，也可以直接把课程画布用作课程的讲授课件。

为什么讲课，包括微课在内都需要制作课件呢？

答案是为了更好地吸引学习者的注意力。

如果是线下课程，老师可以准备游戏道具、布置场域、板书等方式来引导学习者的注意力；如果是线上微课，老师主要通过语音讲解和视觉化的课件来达到引导学习者注意力的作用。

# 第 10 章
## 方格笔记做微课

对学习者来说，什么样的课件有吸引力？精美的课件可以起到吸引学习者注意力的效果。吸引学习者的注意力效果更好的课件是手绘课件。

在课堂上，即使老师手写的板书，不用像书法家那样写得那么完美，更真实、更接地气的板书，也能吸引学习者的注意力。

我上微课时，主要通过手写的课程画布分解内容用作课件，起到课堂上老师随堂写黑板示范的效果。不同之处在于老师写的黑板板书，很快就会被擦除，而我手写的课程画布是图片，并结合讲解内容，既可以帮助学习者加深理解，也可以反复观看和收听。

手绘课件和 PPT 课件，各有优势，根据用途的不同，每个人可以选择自己擅长的方式，也可以在实践中不断地积累更好的方法。

无论是手绘课件还是 PPT 版课件，都取决于授课目标，也取决于时间安排。

对我来说，手绘课件更快捷，因此一般的微课，我就用手绘微课课件。

课程画布的主要绘制步骤如下：

（1）绘制课程内容画布框架（见图 10-3）。为了保持思维的完整性，课程画布框架和灵感框架完全一样，下方的矩形框为 16 个区域。灵感画布，在书写时以不中断思维的流动性为主，字迹潦草一点儿没关系。如果课程画布的绘制目标是做展示，就要用正楷字书写，方便学习者辨识和理解内容，在书写时要放慢速度。我建议选用 1.0mm 笔芯，或者笔迹较粗的钢笔来进行书写及图解示范。

**方格笔记学与用**

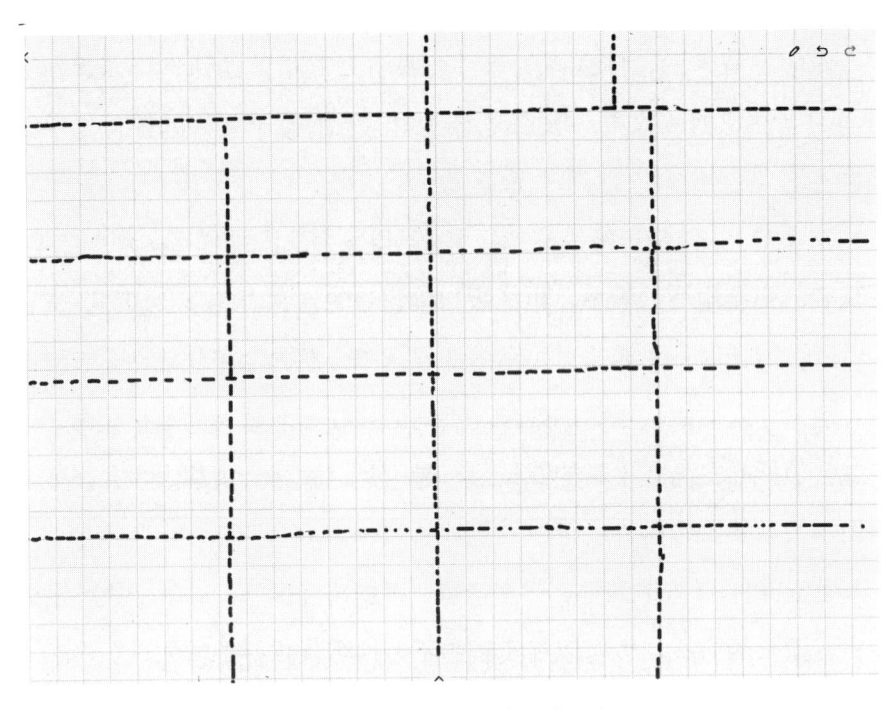

图 10-3　绘制课程内容画布框架

（2）填充课程画布（见图 10-4）。将灵感画布的内容，用正楷字认真誊抄并填充进课程画布中。在每个框格中，文字部分放上部，图解内容放下部。课程画布总体包括页眉区和 16 个内容区。页眉区写课程的题目，内容区域写课程的具体内容。

在誊抄内容时，可以先写标题，然后绘制图解部分。图解部分按标题提示的方向设计图解。在绘制课程画布过程中，按照先易后难的流程填充内容。有灵感的板块先绘制，没有灵感的板块可以随后再绘制。一般经过 1~2 天的酝酿，就可以打破思维瓶颈，课程画布就可以全部完成了。

# 第 10 章
## 方格笔记做微课

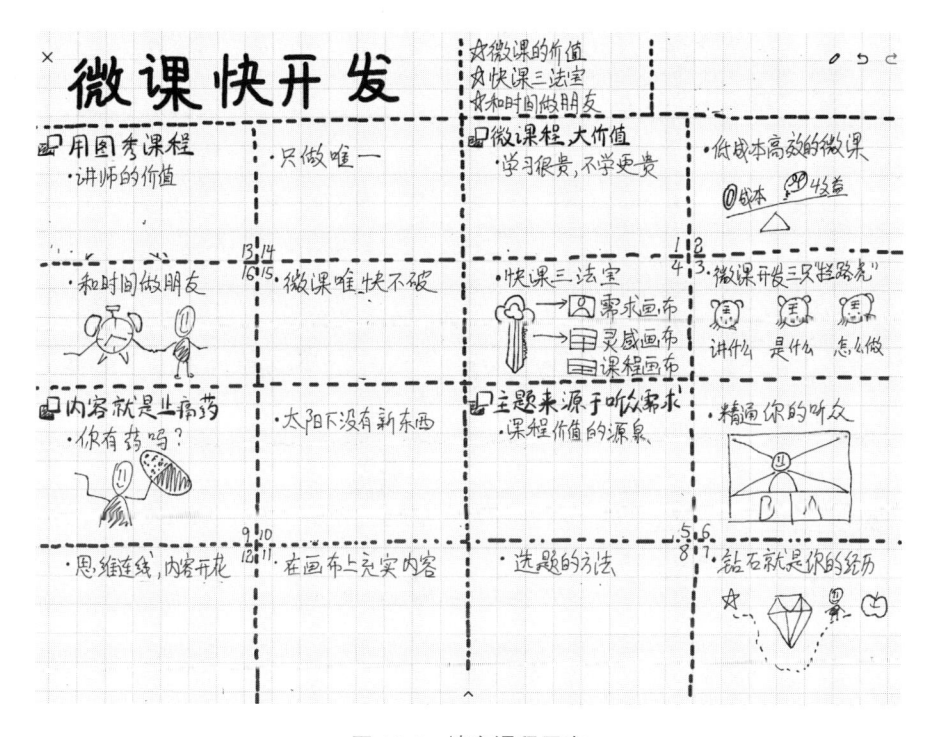

图 10-4　填充课程画布

在完成课程画布之后，课程画布内容全景（见图 10-5）就呈现出来了。

在讲解微课内容时，既可以将课件拆解成 16 张演示课件，也可以以要点为线索，在 4 张主要知识点课件图基础上，加上补充的细节课件的方式进行微课内容的讲解。

在微信群中讲课结束之后，可以将课程内容整理成文章版本，然后发送给学习者学习，这不但方便形成自己的知识体系，而且有助于学习者对知识点的学习和理解。

方格笔记学与用

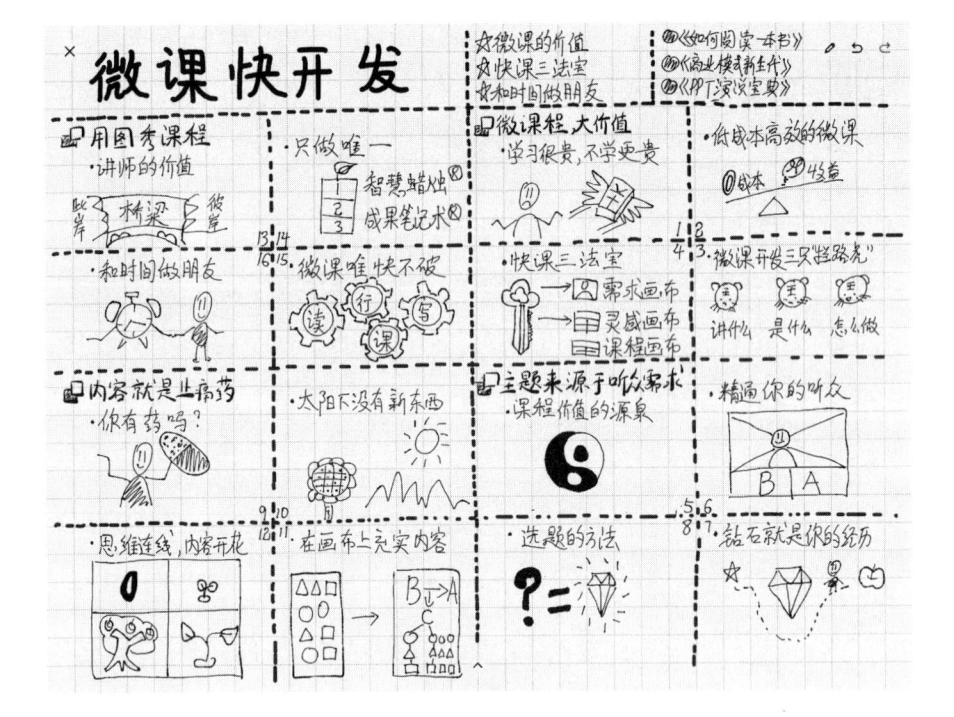

图 10-5　课程画布内容全景

把微课内容整理成文字版本的过程，也是优化微课内容的过程。一旦微课内容整理好了，就可以反复运用这些微课内容了。

当优化好微课内容并发布在微信公众号上后，那些没能听到微课的人，也可以通过微课内容的文章来学习，这是一种非常方便的获取知识的渠道。

如果想写书，这些已经整合好的文章，就是宝藏内容，经过一定程度的改写，就可以成为专著内容的一部分。

管理者花在微课开发上的时间和心血，就这样一点一滴地积累起来，成为自己思维成果的组成部分，成为自己努力的见证，也成为团队的财富。

148

# 第10章
## 方格笔记做微课

当课程设计出来后，管理者就可以进行微课分享。分享的方式既可以是图文微课、文字微课，也可以是视频微课。即使感觉内容不太完美，也可以边分享、边完善，不断地完善课程内容。

特种部队士兵的特点是反应敏捷，目标明确，快速地完成高质量的任务。利用方格笔记做微课，每位管理者都有机会成为特种部队士兵。

总之，运用方格笔记，充分地运用微课开发画布的模板和流程，快速地产出思维成果，能够帮助企业和个人解决问题，创造价值。

# 第11章

# 方格笔记解难题

无论是在职场中还是在生活中，问题都无时不有、无处不在。有的人害怕遇到问题，有的人逃避问题。常言道："眼界决定世界。"看待问题的角度，决定了认识问题和解决问题的方式。

换个角度来看，问题不过是机会的伪装而已。

面对问题，我们不应该选择逃避，而应主动寻求分析并解决问题的办法。一旦解决了问题，问题就成了成长的契机。从解决问题的角度来说，问题就是成长机会的伪装；客户的问题就是我们发展事业机会的伪装；上级的问题，就是我们职位晋升机会的伪装。解决问题，就是在创造价值。解决问题的能力，就等于拥有把握机会的能力；解决问题的能力，就是职场的核心竞争力。

职场人士如何提高自己的问题分析解决能力？

要解决问题得先从学会发现问题开始。

# 第11章 方格笔记解难题

## ✎ 学会发现问题

什么是问题？麦肯锡公司经典的"问题"定义是：问题在于理想与现实之间的落差。因此，问题就有现状、理想、落差三个关注点（见图11-1）。这三个关注点，缺一不可。

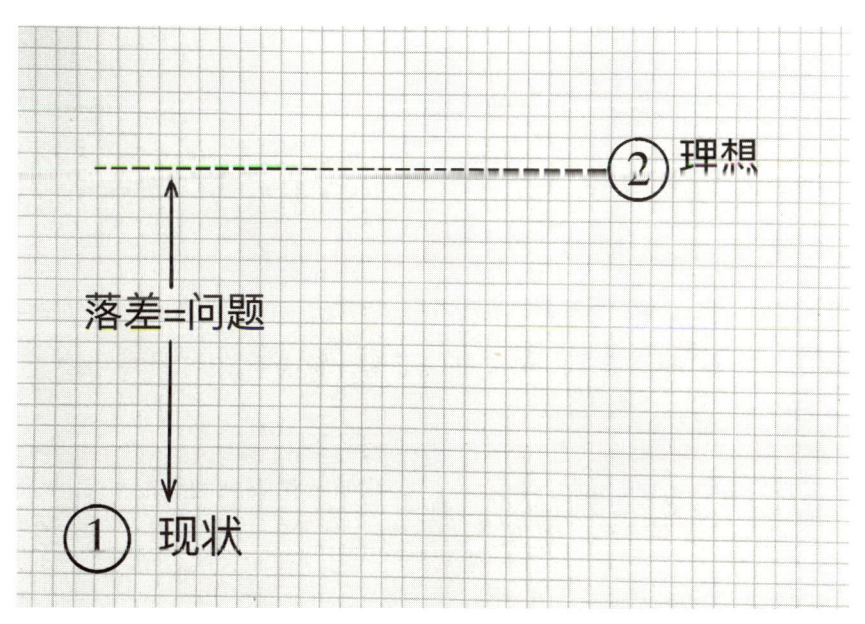

图11-1 "问题"定义图解

举个例子，假如我的体重现在是155斤*，理想状态是130斤，为了一年之后拍微电影或短视频能在镜头中呈现很好的状态，我准备减重25斤。

那在一年内怎样减掉25斤的体重，这就是我的问题。

---

\* 1斤=0.5千克，下同。

方格笔记学与用

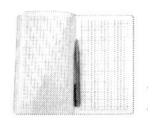

那么，如何发现问题呢？

发现问题可以从三个方面着手：学会调查问题；预见潜在问题；发现熟视无睹的问题。

### 学会调查问题

无论是在工作中还是在生活中，我们都会和很多人打交道。调查研究是弄清事实并发现问题的好办法。例如，在工作中，我们面临的问题和痛点，其实就是创造价值的机会。我们应保持对问题的敏锐度，要学会通过走访、交流、问卷、观察等方式主动调查客户的问题和需求。在调查之后，我们要对结果进行汇总分析，努力为客户关心的问题提出解决方案，并给予他们帮助。我们在帮助客户解决问题的同时，积累了分析解决问题的经验。

没有调查，就没有发言权。主动调查研究是发现问题的重要渠道。

### 预见潜在问题

预见可能发生的潜在问题，需要我们对事态发展趋势保持敏锐度，对趋势进行预判。具体可以从以下几个角度进行探索：

- 时刻保持危机意识，有利于发现问题。
- 对事态发展趋势保持敏锐度，及时搜集、整理和分析动态变化信息，分析事态演进趋势。
- 预判3~5年的行业趋势，并进行趋势分析。

# 第 11 章
## 方格笔记解难题

- 系统思考，对全局情况进行预判。
- 留意重大的技术变革，对政策的走向进行预估。

## 发现熟视无睹的问题

无论是在工作中还是在生活中，我们都很容易对一些事物熟视无睹。太熟悉某个领域，就容易形成思维定式。发现熟视无睹的问题，需要我们对工作和生活保持好奇心。比如，每天看到日出日落，你有没有想过，太阳为何东升西落？又如，每天喝牛奶，你是否想过，牛奶为何采用方盒利乐包装，而不像可乐一样，采用圆形包装？

一旦我们对一件事达到熟视无睹的程度，就无法发现其中的问题。

即使对熟视无睹的事物，我们也要保持好奇心，通过追问"为什么"，就能在熟视无睹的环境中发现有价值的问题。

不断追问"为什么"的过程，就是刨根问底，把深层的根本原因找出来的过程。

通过以上渠道，我们就可能发现很多有价值的问题，然后可以尝试对在工作和生活中的现实问题进行分析并想办法解决。

解决问题的过程，也就是在一定的时间内，通过行动和调配资源，不断克服困难，从问题现状到达理想彼岸的过程。

三种解决问题的方法分别是：用逻辑解决问题、用创意解决问题、用直觉解决问题，如图 11-2 所示。

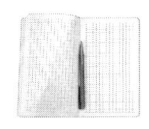

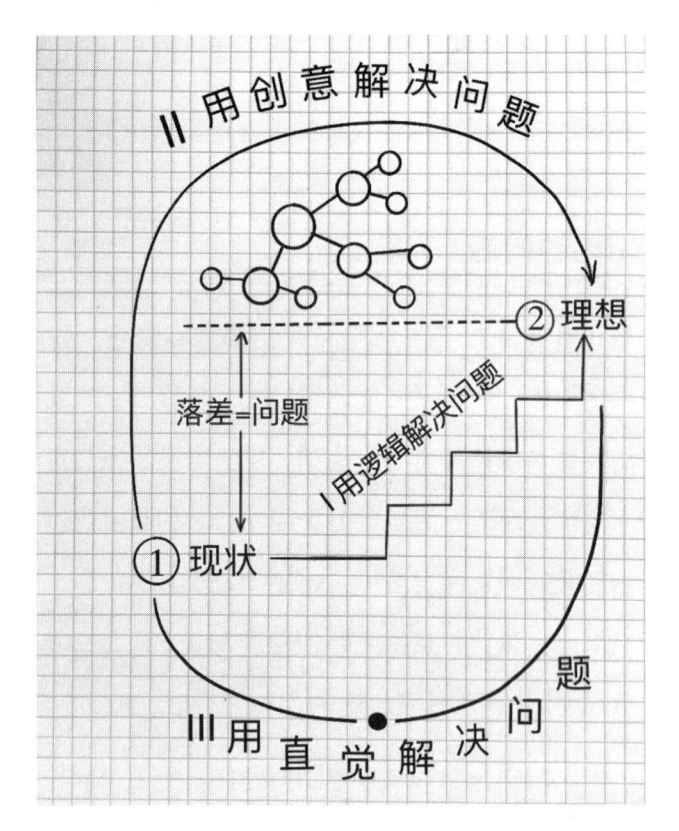

图 11-2 三种解决问题的方法

## ✏️ 用逻辑解决问题

第一种解决问题的方法是用逻辑解决问题，如图 11-3 所示。用逻辑解决问题的方法，以麦肯锡公司"空·雨·伞"三分笔记框架为代表。"空·雨·伞"三分笔记框架，是麦肯锡公司问题分析解决笔记的逻辑经纬线，也是用逻辑解决问题的基础框架。麦肯锡公司员工的思维缜密，与他们随时随地运用这种笔记框架来拓展自己的思维有着直接的关系。

第 11 章
方格笔记解难题

我们同样可以用这种笔记框架来提升自己解决问题的能力。

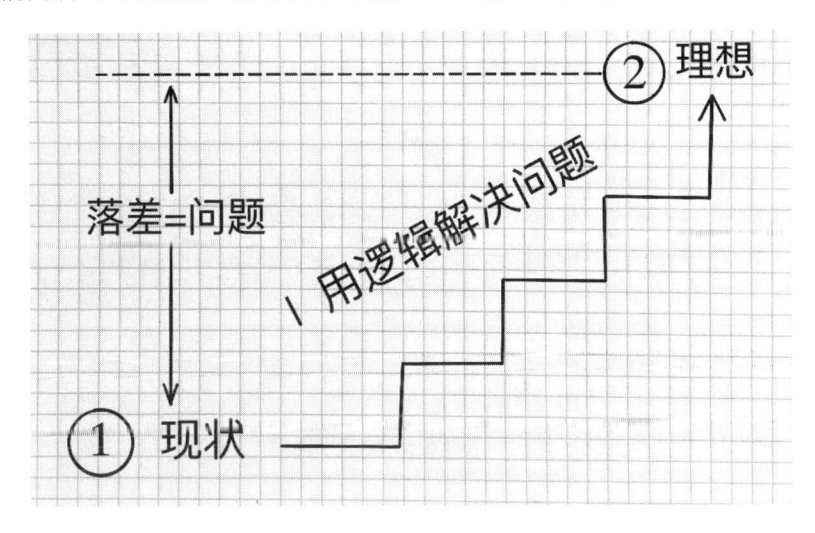

图 11-3　用逻辑解决问题

"空·雨·伞"笔记框架,是从事实出发的分析方法。第一步"空",就是要先搞清楚真实的状况。为了解决问题,首先必须厘清与事实有关的情况——关于怎样找到事实,怎样运用事实的方法。第二步"雨",就是要针对真实的状况建立假设或假说。通过建立假设或假说,我们可以寻找解决问题的灵感思路或解题方向。假说是暂时的而不是最终的答案,那我们就可以关注到各种各样的可能性,避免出现思维的盲点。第三步"伞",就是要提出相应的对策。针对各种假设或假说,提出相应的解决问题的行动方案,然后可以不断尝试,通过不断排查和分析,找到解决问题的根本办法,并最终解决问题。

弄清事实,形成假设,行动检验,这是用逻辑解决问题的三个基本步骤。

方格笔记学与用

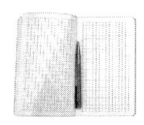

## 弄清事实

　　弄清事实对解决问题中的重要性，在此以看病为例进行说明。假如某人患病必须到医院就诊，如果医生只是简单地根据患者反馈的情况，马上给患者开药方，而不利用科学医疗仪器准确把握患者真实病情，那么患者的病情很难得到有效的治疗。

　　在一般情况下，医生首先让患者做抽血或者检查体液，通过专业医疗仪器化验的结果进行诊断；有经验的中医会给患者把脉，通过"望""闻""问""切"等方法对患者的病情进行诊断，在综合各种信息对患者的病情进行诊断，分析病因，然后给患者开药方，这是医生治病的基本流程。医生治病的过程，体现了用逻辑思维解决问题的完整流程。

　　除了就医，其他运用逻辑思维解决问题的方法，也是相似的流程。

　　要解决问题，先分析问题；要分析问题，先搞清事实。俗话说：没有调查，就没有发言权。在没有掌握基本事实情况的前提下，如果我们盲目地"开药方"，不但不能帮助别人解决问题，而且可能造成适得其反的结果。

　　因此，我们必须要尊重事实，也就是要注意收集事实、数据，利用事实来做判断的依据。

　　怎样弄清事实？现场是一个弄清事实最好的地方。麦肯锡公司认为，在现场往往会有精彩的细节帮助顾问去发现真正的问题。在工作和生活中，我们同样需要到现场找寻能够帮助自己解决问题的事实。

# 第11章
## 方格笔记解难题

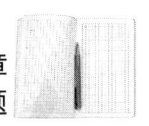

华为"让听得见炮火的人来做决策"的工作方法，也充分体现了尊重事实的态度。

弄清事实的思考技巧就是试图还原现场。在分析问题时，首先要界定问题，描述问题。要描述问题的发生场景：现状是什么？理想是什么了落差是什么？这些描述，也就是对问题发生现场进行还原，有助于我们提出相应的假说，然后有针对性地提出相应的解决方案。

及时记录是非常好的掌握事实的方法。在此，以我的减肥例子进行说明。我先对自己的体重和饮食情况做记录，然后根据记录的情况进行分类梳理。体重情况记录，如图11-4所示。

图11-4　体重情况记录

除了分析个人问题的情况，还可以帮助他人解决其他问题。如果我们接受委托而帮助他人解决问题，由于我们对他人问题基本情况缺乏足够的了解，这更需要通过细致的现场调查，针对事实情况做好记录，掌握基本情况和相关数据。通过细致的现场调查和分析，我们找到问题发生的真实原因，最终寻找出解决问题的办法。

当收集到比较充分的现场数据之后，我们就需要对这些数据进行归类整理。运用解决问题的框架来整理数据，可以使我们的工作事半功倍。

## 提出假设

在弄清事实的基础上，我们就需要针对事实学会提出假设。

假设就是对现象的解释。比如，门店当季度利润减少50%的情况，对这个现象，我们要提出合理化的解释。在提出解释时，我们需要思维"归零"，也就是在客观公正的立场上做出假设，观点不被个人情感所左右，不能被经验所束缚。

已做出的假设是暂时的答案而不是最终的答案。在假设阶段，我们需要大胆假设，设想各种各样的可能性，然后通过实践检验假设的合理性。如果假设是不合理的，不能经受实践的检验，就要抛弃这个假设；如果经实践检验假设是合理的，就可以坚定地行动，直至问题完全得到解决。

我结合"如何提高员工的工作积极性？"案例对提出假设的环节进行分析，如图11-5所示。

这是方格笔记班级学员提供的案例：案主是企业经营者，从事服装

第 11 章 方格笔记解难题

行业，主营中档女装，企业员工有 200 人。近期（时间是 2019 年 9 月）不少一线员工和管理者对工作缺乏积极性，企业经营者想运用方格笔记，梳理出提高员工工作积极性的解决办法。

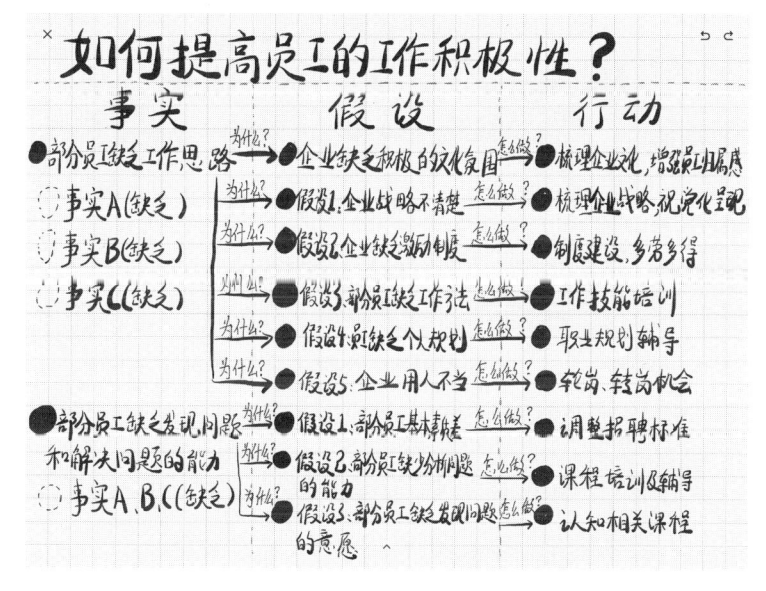

图 11-5 "如何提高员工的工作积极性？"案例

案主提供的情况主要有：①部分员工工作缺乏无思路；②部分员工缺乏发现问题和解决问题的能力。案主的理想情况是员工能够积极主动完成工作任务，以达成团队的工作目标。案主认为问题的根源出在企业文化方面，因此他准备用梳理企业文化的方法来解决问题。案主拟定的行动策略是通过梳理企业文化，增强员工归属感。

与众多没有经过系统问题分析解决训练的企业经营者一样，案主没有假设思维意识，当看到问题之后，在缺乏准确的事实依据的情况下，就想通过设计的行动方法来解决问题。

因此，要解决问题的前提是先弄清楚事实。

（1）部分员工缺乏工作思路，这是一个结论。需要提供支撑这个结论的事实情况。

（2）部分员工缺乏发现问题和解决问题的能力。同样，需要提供支撑这个结论的事实情况。

只有提供以上两点结论的事实情况，才有助于案主真正解决问题。

在对问题发生的根源缺乏系统认知的情况下，盲目行动，很多时候是"头痛医头脚痛医脚"，不能从根本上解决问题。

如果缺乏假设思维的环节，就直接通过打鸡血的方式刺激士气或者单纯尝试从文化层面来寻找对策解决问题，能否奏效，得打一个大大的问号。

把案主面临的问题列在方格笔记上并建立假说，就会发现解决问题的角度，也有助于他建立彻底解决问题的系统方案。

除了弄清事实，案主也需要通过建立假说拓宽解决问题的思路。

针对"部分员工缺乏工作思路"的结论，先提出各种假设，拓宽思路，避免思维的盲区，在假说的基础上建立系统的行动方法来解决问题。

假设 1：部分员工对企业的战略不清楚。部分员工不知道该怎么做、该做什么，完全没有工作思路。

假设 2：企业缺乏激励制度。企业没有激励制度保障，员工的积极性调动不起来。

假设 3：部分员工缺少工作方法。

假设 4：员工缺乏个人规划，在工作时就缺乏明确的定位。

假设 5：企业用人不当。比如，有些员工的优势是擅长文字表达，

## 第 11 章
## 方格笔记解难题

但他不擅长与人沟通，公司非要让他去做营销工作，导致他找不到工作定位。

针对"部分员工缺乏发现问题和解决问题的能力"的结论，我们同样需要在弄清事实的基础上建立假设。

假说 1：部分员工基本素质差。

假说 2：部分员工缺乏分析问题的能力。

假说 3：部分员工缺乏发现问题的意愿。

在提出假设时，我们需要从整体的角度来思考，反思自己的分析过程或者相关数据，有没有出现重大的缺失，有没有内容重合在一起的情况。

如果分组不清晰、不全面，特别是分类有重大的缺失，相应的行动策略，就不能真正解决问题。因此，我们需要在分组的每个环节，也就是金字塔结构的每个层级，都要考察分类的哪些地方重复了，又缺少了哪些内容。

我们所做的假设，需要不断利用五个"为什么"层层深入，同时不断地通过发掘事实来检验。经检验，如果是合理的假设就坚持；如果是不合理的假设就排除。通过步步为营，层层深入的方式提出假设，我们所做的假设会越来越接近真相。我们可以围绕着接近真相的假设来制定相应的行动策略，通过有针对性的行动方案来解决问题。

## 行动检验

基于不同的假设，设计的行动策略要相应地做调整。在试图解决问

题时，我们需要针对性地对行动方案做排除和尝试，最后对根本原因进行重点排查和处理。

比如，针对"部分员工缺乏工作思路"的结论，就需要针对不同的假设，有针对性地判定并实施相应的行动策略。

如果根本原因是企业战略不清楚，就需要梳理企业战略，同时进行视觉化呈现。

如果根本原因是企业缺乏激励制度，就要进行制度建设，制定多劳多得的用工制度。

如果根本原因是部分员工缺乏工作方法导致其不知道如何有效地开展工作，就要其进行工作技能培训。

如果根本原因是员工缺乏个人规划，就需要做员工的职业规划辅导。

如果根本原因是企业用人不当，就需要提供相应的轮岗、转岗机会。

虽然这些是逻辑上具有合理性的建议，但只有在实践中排查出真实的根本原因并行动实施后，才可能彻底地解决问题。

案主提出的"部分员工缺乏发现问题和解决问题的能力"的结论，同样可以通过提出假设之后，在假设的基础上拟定相应的行动策略，通过排查根本原因，进行针对性的解决。

## 用创意解决问题

第二种解决问题的方法是用创意解决问题，如图 11-6 所示。

第 11 章
方格笔记解难题

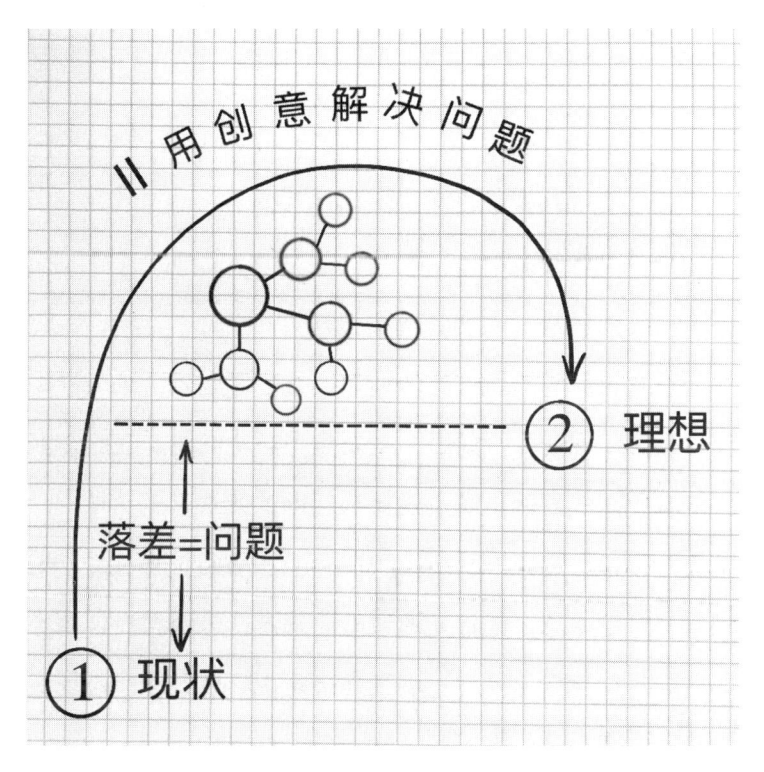

图 11-6　用创意解决问题

当我们准备用创意来解决问题时，创意从哪里得来呢？

创意来源的主要渠道是头脑风暴。运用头脑风暴形成的创意，是非常重要的解决问题的渠道。

头脑风暴既可以个人开展，也可以以团队的方式进行。其中，在团队进行头脑风暴时，要充分调动团队成员的想象力和智慧进攻难题这是非常有效的头脑风暴方法。我们可以通过实践头脑风暴形成创意得以解决问题。

个人头脑风暴和团队方式头脑风暴的基本规则有相似之处：

- 不评价。不评价他人的创意。
- 自由联想，与主题相关。
- 鼓励在现有的创意基础上进行新的联想。
- 追求创意的数量。

如何运用头脑风暴形成创意解决问题呢？

运用创意解决问题的方法比较简单，就是在上述头脑风暴规则的基础上，经过创意、评估、行动三个主要步骤解决问题。在此，我以很多朋友关心的减肥问题为例讲解创意解决问题的方法。

我首先介绍自己的减肥经历：2017年，我准备拍摄视频课程。为了在镜头中有更好的状态，我计划通过减肥的方式来调整身体状态。我预期拍摄时的理想体重是130斤，现实体重是155斤，理想与现实之间的25斤体重落差就是问题。怎样在1年减掉25斤体重，就是我在2017年面对的问题。当然，通过不断努力，我最终实现成功减重25斤的目标。

假如，现在的你和2017年时候的我一样，需要在1年内，实现减重20斤并成功塑形的目标，你可以通过哪些行动，实现这一目标？

补充说明：本次头脑风暴是在"管住嘴、迈开腿、有监督"的框架中开展的。

（1）管住嘴，是指控制摄入的热量梳理和食物的营养结构。

（2）迈开腿，是指增加运动消耗量。

（3）有监督，是指打造很好坚持的氛围和习惯。

减重塑形头脑风暴汇总表，如表11-1所示。

# 第 11 章
## 方格笔记解难题

### 表 11-1 减重塑形头脑风暴汇总表

| 头脑风暴主题：如何在 1 年内减重 25 斤体重并成功塑形？ ||
|---|---|
| 减重形式 | 具体操作方法 |
| 管住嘴 | **第一，控制热量摄入总量**<br>1．制定定时定量的餐谱，严格按照餐谱执行。<br>2．减少主食的摄入量。<br>3．控制高糖分的水果和碳酸饮料，以及其他煎炸等对减重有阻碍的食物摄入量。<br>4．不吃肉皮，如吃鸡不吃皮，只吃肉。<br>5．晚上吃三四两水煮牛肉片和水煮青菜，不吃主食。<br>**第二，改变饮食结构**<br>1．购买热量低的代餐食品。<br>2．制定周期时间，多摄入蛋白质，拒绝油炸、奶茶和各种饮料，控制糖分。<br>3．减少高油、高糖、高脂肪食物的摄入量。<br>4．列出可以多吃食物清单，如小米粥、山药、花生、红枣等养血养胃温补的食物。<br>5．早餐五谷杂粮+蔬菜，早点火龙果半个；午餐控制饭量，以清蒸、水煮为主，午点一个苹果；晚餐青汁+奇亚籽+蔬菜。<br>**第三，改变社交习惯，抵御外界诱惑**<br>拒绝不必要的应酬，聚餐时多说话、少吃饭 |
| 迈开腿 | **第一，室外运动**<br>1．开始制订跑步计划，中午休息时外出散步 15 分钟以上。<br>2．每天晨跑 5 千米。<br>3．每天坚持慢走、散步 30 分钟。<br>4．出门尽量步行或者骑行。<br>5．每天坚持快步走至少 10 000 步（除特殊情况外）。<br>**第二，室内运动**<br>1．每天用抹布擦地 5 分钟以上。<br>2．工作间隙分别深蹲 2 组。<br>3．每天坚持跳绳 300 下。<br>4．平板支撑 5 分钟一组，每天 3 组。<br>5．办公室徒手运动。<br>**第三，专业场地运动**<br>1．晚上 Keep 有氧运动 1 小时，瑜伽一个周期。<br>2．每星期二、星期五瑜伽坚持 1 小时，其他时间坚持 30 分钟。<br>3．健身房器械运动 |

165

续表

| 减重形式 | 具体操作方法 |
| --- | --- |
| 有监督 | 第一，计划可视化<br>1．在朋友圈立 1 个 Flag，开启 21 天行动养成计划打卡。<br>2．把计划用大字写出来并贴在显眼的位置，完成计划做奖励标记。<br>第二，组队运动<br>1．请家人监督，缴纳保证金，与家人互相督促。<br>2．加入减重的圈子，找一个减肥"死党"，一同比赛。<br>3．与朋友约定两个星期汇报一次目标减重和实际减重情况。<br>4．与同事一起制定目标，一起行动。<br>第三，每日记录及打卡追踪<br>1．记录每天的摄入量和运动数据，运用薄荷 App 做记录。<br>2．每天在笔记本上做记录，坚持写日记反馈，每天三餐饮食打卡；记录每日体重变化。<br>3．进入减肥社群，每天运动打卡，每周测量体重 |

减肥塑形头脑风暴注意以下事项：

- 在三种减重形式中先选一条对个人来说操作性最强的方法来执行，行动是关键。
- 每天做记录，定量监控，在生活中找个同伴一起坚持打卡，减重效果会更好。
- 把初步的行动计划发群里，建议每天与同伴交流执行情况，每周群里反馈个人执行结果。

**提醒：**

如果以减肥为主要目标，在控制饮食摄入量和饮食结构的同时，坚持有氧运动就可以。跑步是最简单且方便的有氧运动。

如果想要塑形，想要身体线条优美，就需要在跑步有一些成效后，比如坚持一两个月，在身体的脂肪量大幅度减少的基础上，到健身房请

# 第11章
## 方格笔记解难题

专业教练进行指导，并运用专业装备，效果要比个人探索更有效。当然，这样费用较高。

运用创意来减肥，也可以结合专业教练的指导，效果会更好。我们可以根据实际情况选择合适的执行方法来解决个人身材管理问题。

## ✎ 用直觉解决问题

第三种解决问题的方法是用直觉解决问题，也就是充分运用个人和团队的直觉来感知问题，然后形成问题解决的系统方法。用直觉解决问题的代表性方法——U型理论，如图11-7所示。

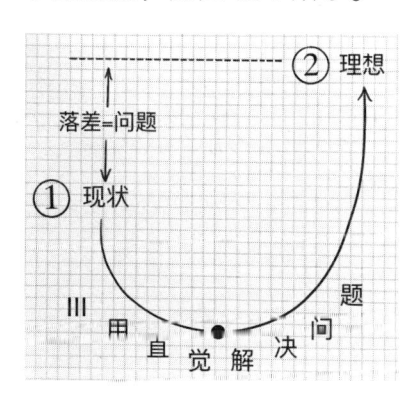

图11-7　用直觉解决问题的代表性方法　　U型理论

U型理论是美国麻省理工学院的奥托·夏默博士对学习型组织进行研究时，发现并开创的一个新的问题解决方法。

通常，解决问题的办法是逻辑思维。当问题出现后，人们探询发生问题的可能原因，然后针对原因设计相应的行动策略。思维是从A到

## 方格笔记学与用

B 一条直线。U 型理论是当重大问题出现后，人们先沉静下来观察，与自己的内心进行链接和反思，然后通过直觉感知未来，通过行动解决问题、达成目标。U 型理论中的 U 不是一条直线，而是先下潜沉淀再上升的曲线。

U 型理论的一个核心主张是向正在生成的未来学习！

U 型理论不是看作什么、怎么做，而是进入更深层次的"源头"。奥托·夏默博士研究发现：学习是从两个点产生的。这两个点，一个是过去，另一个是未来。也就是说，一类是从过去学习，一类是向未来学习。我们通常说的学习是从过去学习、经验式学习。但是，面对竞争激烈的当下，我们只是从过去学习是不够的，应该是当未来逐渐呈现时，通过向未来学习，以解决现实中的问题。

一方面，U 型理论不是发现未来，而是感知未来，向未来学习；另一方面，U 型理论是一种方法或者是一套流程。

要向正在生成的未来学习，必须经历三段重要的阶段。

第一个阶段是观察。简单来说，就是跳出自我和现有的小圈子，走到你所在系统的边缘或者边缘之外，打开思维、心灵和意愿去倾听、观察。这些地方蕴藏着解决现有问题的巨大潜能，而非系统的中心地带。

第二个阶段是静修和反思，允许内在知觉去涌现。你不仅要站在外面看，而且要回到内心。你问自己在所有正在产生的可能性中，最有共鸣的是什么？你最想成为未来哪个故事中的一部分？这时，你就会产生灵感、目标和关于未来的想法，从而制订探索未来某些特定可能性的原始计划。

## 第 11 章
## 方格笔记解难题

第三个阶段是将原计划付诸行动。首先要进行预实施，即先在小范围内创造一个可以反映大系统关键特征的微观系统，快速地实施计划，快速得到反馈，快速改进升级计划，再运用到真正的大环境中。

《U型理论》的作者受中国传统文化影响颇深。在《U型理论》中，有一个词——源头。源头是从中国的"道"得来的。当你真正进入源头之后，才感觉到这个正在生成的未来是什么，然后你就可以做决定。

在《U型理论》的中文版序中，奥托谈到了他在1999年拜会南怀瑾大师之后得到的启示，其中提到儒家思想的精髓并不是服从和维护传统秩序，而是自我教化与道德完善。《大学》曰：知止而后有定，定而后能静，静而后能安，安而后能虑，虑而后能得。奥托感悟到，在中华文化中，领导力的核心乃是修身，内在教化的关键是格物致知，这个过程分为七个步骤：知、止、定、静、安、虑、得。这恰是U型的原型，底蕴正是一个"静"字。

儒家名篇《孟子·告子下》有中国人耳熟能详的一段话："故天将降大任于斯人也，必先苦其心志，劳其筋骨，饿其体肤，空乏其身，行拂乱其所为，所以动心忍性，曾益其所不能。"

我认为从《U型理论》的角度阐述孟子的名言，可以对"亚圣"的名言有新的理解。孟子认为一个人要成才，就要让他一路潜心淬炼，最终才能"成才成圣"。

在写书、出书的方面，我对孟子"苦心志、劳筋骨"的警示和奥托"向正在发生的未来学习"的观点深有感触。

从2004年起，我就想写一本书，并对自己写书的能力颇为自信。

自信的原因是从少年时期起，我就很喜欢读书，用心研读过不少经典著作，也对中国传统文化有较深入的认识。除了读书，我平时也喜欢写作。2000年大学毕业后，我做了两年报社文字编辑的工作。

但十多年过去了，自己写书的梦想一直没能实现。

从理论上来说，我清楚每天写500字，半年就可以写出一本书的内容。

从创意的角度来说，我尝试了推进写书的各种办法，包括头脑风暴整理提纲、讯飞语音输入、用便笺写作，与他人访谈交流等，但我写一本书的计划一直"难产"。

甚至，2017年我从大学辞职后，准备专心写书。为避免写书时受到打扰，我专门跑到海边写作，憋了几个月，写书的进度还是没有任何的进展。

直到有一天，我在朋友圈看到一句话："如果梦想是认真的，那为什么不疯狂一点儿？"这句话点醒了我。我问自己：我的写书梦想是认真的，那更疯狂一点儿的写书梦想是什么？

100这个数字从脑海中突然蹦了出来，再也挥之不去。我确定了此生写100本书的疯狂想法。我希望自己在80岁时，能解决100个有价值的问题，每个问题写一本书，这辈子能留下100本解决真实问题的书。

写100本书是我面临困境深入反思后"自然流露"的真实想法。那一刻，我恍惚间穿越了，似乎看到未来的自己。我开始向正在生成的未来学习。

当我受"如果梦想是认真的，那为什么不疯狂一点儿"的启发，并

## 第 11 章
### 方格笔记解难题

由此萌生了写 100 本书的想法后,我写书的难题不仅得到解决了,而且写书的速度超出我原来的预期。

2019 年 4 月,我主编的《思维导图学与用》,颇受读者好评,持续畅销。

2020 年 6 月,我创作的《如何写作一本书》,正式出版。

此时,《方格笔记学与用》的写作已经接近尾声,即将出版。

2020 年 12 月,我创作的《如何讨好一本书》,即将出版。

2021 年,我正在写作关于课程开发、家庭教育有关的两本书。

我坚定地朝着 100 本书的写作梦想前进,就是沿着 U 型理论的路径前行,向正在生成的未来学习。

这个过程,我践行了 U 型理论的三个阶段。

第一个阶段是观察。我走出系统(大学校园),打开思维、心灵和意愿去倾听、观察世界。

第二个阶段是静修和反思,允许内在知觉去涌现。我原本的目标是在 50 岁前写 10 本书,在朋友圈偶然看到的一句话产生灵感火花,启发我确定写 100 本书的目标,这是我灵感的"自然流露"。

第三个阶段是将原计划付诸行动。2018 年 12 月 20 日,我开始有意识地做写作的刻意练习。比如,在公众号上,我每天写 3000 字文章,坚持了一个月,写作速度越来越快,写作质量也越来越好。然后,我开始写自己准备好的书籍选题,不断地积累经验,就能快速地推进写作的进度。

2019 年 4 月,《思维导图学与用》的出版,为我积累了写畅销书的完整经验，后续我在这些写作经验的基础上，快速地做调整优化，也就能快速地改进我的写作技巧，因此能够加快推进写作的速度。

实践证明，运用直觉的力量来解决问题的 U 型理论，对解决个人和团队平时难以解决的那些"错综复杂"的重大问题是很有效的。如果团队准备尝试运用 U 型理论来解决问题，我建议在专业的教练的指导下，运用群策群力的方式尝试解决问题，这是明智的选择。

保持对问题的敏锐度，正确地认识和定义问题，是解决问题的前提条件。解决问题的三种基本方式：逻辑、创意、直觉，三者之间并不是独立分开的，是相互影响的。当某一种方式不能奏效时，可以考虑尝试结合其他方式来解决问题。当然，在行动过程中，我们需要在快速行动中不断总结和完善行动经验，才能很好地积累解决问题的经验，很好地解决问题。

# 第 12 章

# 方格笔记练硬笔

良好的文字书写，能够帮助我们获得更多的机会。不少人虽然花了不少的时间和精力做硬笔练习，甚至参加了系统的硬笔练习，但是硬笔书写的水平却没有得到提高。

古希腊思想家埃斯库罗斯说："记忆为学习之母。"其实，练字是一个记忆问题。由于汉字结构千姿百态，在练字时，人们需要记忆的内容非常庞杂，如需要记忆基本笔画、字形结构；需要记忆偏旁部首、书写笔法。人们对汉字进行有效的记忆和运用并不容易，要准确地记忆汉字的写法并运用到现实书写中，更是难上加难。

如何提高硬笔练习的效果呢？我们运用方格笔记，能够强化汉字的记忆，提高练字效率。方格笔记是高效练字的秘密武器。

要想高效能地练字，就需要把方格笔记的优势充分发挥出来。

在方格笔记本上练字，可以有效地利用本子中的横线和竖线进行排版，很好地把握练字的重点，利用方格的组合，加深对字形的理解。

### 方格笔记学与用

在方格笔记本上组合 4 个小方格，就能组成一个田字格（见图 12-1）；组合 9 个方格，就是一个九宫格（见图 12-2）。在书写时，我们运用田字格或者九宫格，可以很好地把握笔画和字形结构，还可以很好地书写和记忆汉字。

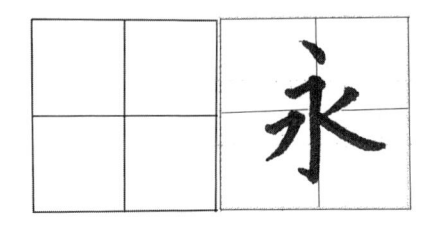

图 12-1　田字格 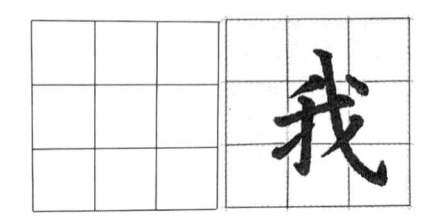　　　　　　　图 12-2　九宫格

## 永字八法

有时你感觉练字练得很努力，花了很多的时间和精力，却没有什么效果，主要原因在于你做了无效的练习，而不是刻意的练习。无效的练习浪费时间却没有效果，是没有价值的练习。有价值的练习是刻意的练习，也就是围绕着个人的能力边界进行有效的练习，不断地拓展个人的能力边界，这是练字高手的晋级方法。

功夫大师李小龙曾说：我不怕练一万种招式的人，我害怕的是把一个招式练一万遍的人。这句话放到练字上特别贴切。与其每天花大量时间练写 100 个字，不如每天练写一个字，每天认真把一个字写上 200 遍，甚至用一个月的时间，能把一个字写好，那也很了不起。

写好一个字的标准是什么？古人说要"重影"，也就是与字帖一模一

第 12 章
方格笔记练硬笔

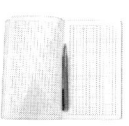

样，这是有效练字的方向和标准。明确了练字的标准，还需要找到练字的大门。练字的大门，也就是练什么字，可以让我们得到最佳的效果，可以为练习其他字打下良好的基础呢？

答案是"永"字。"永"字是书法练习的大门；"永"字，是练字的入门字。"永"字可以作为练字的基本线索。因为"永"字包含了八种常见的、基本的笔画，可以作为练字人理解笔画、举一反三的基础，所以在古代有练习"永字八法"的秘诀，如图 12-3 所示。

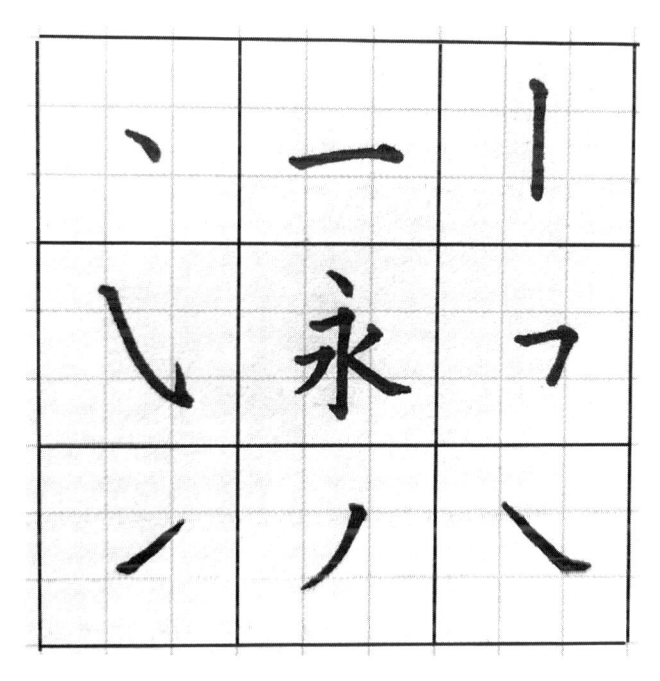

图 12-3　永字八法

俗话说：基础不牢，地动山摇；基础牢固，稳步前进。

"永字八法"是深入地理解书法笔画的基石，认真练习"永"字，也是快速提升书写能力的捷径。

## 方格笔记学与用

只练习"永"字的规范书写是不够的,应该把"永"字作为主线,快速地拓展个人对八种基本笔画的细节变化。

"永字八法"强调从基本笔画"右侧点"为笔法之基,依照"永"字的笔画顺序练习:点→横→竖→折→勾→提→撇→捺,循序渐进。在练字时,以"永"字为基础,不断地积累笔画练习的经验。

将"永字八法"与方格笔记本结合起来,练字就能起到事半功倍的效果。练字思路如下:

(1)在方格笔记本上画出大九宫格。

(2)将大九宫格的每个宫格再细画为独立的小九宫格。

(3)将"永"字写到大九宫格的中宫格内。

(4)将八种基本笔画写到小九宫格的其他八宫格的中宫位置。

(5)将小九宫格的其他八宫格,依照不同的笔画分类,每种笔画一格写满每格。

## 逾字八型

要想高效率地练字,就需要在写好"永"字的基础上,加深对汉字笔画和汉字结构的深刻理解,形成个人的书写习惯。

把练字的内容准确记忆并运用出来,甚至没有练过的字也可以按书写的规则写出来,这就是练字的目的。

本质上,练字是记忆问题!

书法家田蕴章曾经把书法练习中基本笔画练习与汉字结构练习,比

## 第12章 方格笔记练硬笔

作布料与裁剪的关系。一件好的衣服，布料与裁剪缺一不可。如果布料很好，裁剪糟糕，那衣服品质也不能过关。反之，如果裁剪很好，布料糟糕，那衣服的质量也是不行的。

同理，在书法的练习中，基本笔画（材料）过关，汉字结构（裁剪）不过关，也是"伪劣产品"。那么，如何在练习基本笔画的基础上，快速地整理并记忆汉字结构呢？运用方格笔记本的九宫格框架就是很好的方法。

练习并记忆汉字基本笔画的线索是"永字八法"，理解并记忆汉字结构的线索是"逾字八型"。

汉字分成八种常见的基本结构，我们运用九宫格进行整理。运用"逾"字作为记忆线索来整理和记忆汉字的基本结构的方法，称为"逾字八型"（见图12-4）。八型，是指汉字的八种基本结构，包括独体型、左窄右宽、右窄左宽、对等平分、天覆、地载、全包围、半包围结构。按照"逾"字的书写顺序，练字者很容易记忆这八种基本结构。运用方格笔记本的九宫格框架就可以将这八种基本结构进行整理（见图12-5）。

（1）在方格笔记本上画出大九宫格。

（2）将大九宫格的每个格再细画为独立的九宫格。

（3）将"逾"字写到大九宫格的中宫格内。

（4）将八种基本结构写到大九宫格的其他八宫格的中宫格位置。

（5）将小九宫格的八宫格，依照不同的结构进行分类，将汉字写满八宫格中的每个格。

方格笔记学与用

图 12-4　"逾字八型"

图 12-5　九宫格整理汉字结构

# 第 12 章
## 方格笔记练硬笔

除了九宫格，还可以将八种基本结构做成思维导图，将常用的字整理归纳在八张思维导图中。通过归纳汉字的结构规律，练字者不断练习汉字的基本笔画和结构，可以快速地提高练字的效率。

## ✏️ 高频字练习

从汉字的使用频率来说，字与字的差别很大，练习的效果差别也非常大。为了提高练字的效果，我们需要对高频字进行重点练习。

有的生僻字，也许一辈子也用不上几回。有的高频字，一天会用到很多次，甚至有时写一句话就会出现多次。统计资料显示，100 个高频字，在书写时出现概率约为 80%。也就是说，如果能够重点练好这 100 个高频字，就解决了 80%的书写问题。

为了提高练字的效率，我对高频字进行了分级。

- 一级高频字：永。
- 二级高频字：人的名字。
- 三级高频字：100 个常用字，如的、得、左、右、思等。

练字者运用"永字八法"来记忆汉字的基本笔画，然后以每种笔画为中宫格，联想、记忆并练习八类高频字的重点笔画，就可以在练习好基本笔画的基础上练好常用字（见图 12-6）。

如果结合基本笔画的练习，把这些高频字重点写好，书写基本上就不成问题了。

方格笔记学与用

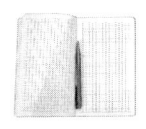

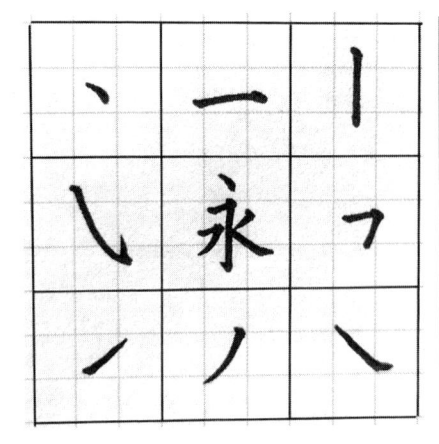

图 12-6 "永字八法"练习高频字

古人练字，通过运用"永字八法"来练习笔法，如运用《千字文》中约 1000 个不重复的字组成的韵文来记忆汉字的结构，通过清晰的线索来练字，"苦练"加上"巧练"，可以提高书写汉字的质量。这些都是古人的智慧，是值得我们学习和汲取知识营养的宝库。

## 孩子练字提醒

针对家长启发孩子练字的问题，在此特别提醒大家注意以下事项。

孩子在不同阶段，有不同的学习任务，因此需要练习不同的书写方法。

有人曾经形象地对楷书、行书、草书的特点做了一个比喻：楷书是站，行书是走，草书是跑。

在小学阶段，小学生需要打好硬笔楷书的书写基础。

对小学生来说，"学会站"，也就是把字写得规整美观，这是练字的基本功。

## 第12章
## 方格笔记练硬笔

到初中阶段，孩子的学习任务加重，书写内容很多，因此练习行楷就很有必要了。

行楷就是兼顾行书和楷书的特点，书写又快又美观的字体。

如果不是学书法专业及对书法特别有兴趣，一般不建议孩子练习草书，辨识度不高，对提高成绩帮助不大。

如果孩子在小学和初中阶段，能够打牢楷书、行书的书写基础，高中阶段就不用刻意练习汉字。因为每天的作业都是他的练字内容。

如果在小学阶段孩子没有打下楷书的书写基础，等到中学阶段，随着学习任务的加重，孩子要练出整洁美观的字，时间成本就会高很多。

今天，我们可以在古人练字智慧的基础上，结合新的工具和方法来提高汉字书写的效果。其中，"永字八法"是中国古人的练字智慧，而方格笔记源于麦肯锡公司笔记框架。在整合练字的过程中，我们结合并运用这些工具和方法，可以提高练字和学习的效率。

## 本篇总结

## 方格笔记目标达成

　　本书的"果篇"，针对想在写作、备课、知识管理、问题解决等领域快速做出成果的职场人士，介绍了利用方格笔记快速产出成果的系统方法，帮助大家达成目标。

　　由于目标成果不同，个人的思维习惯和做事风格也不尽相同，方格笔记的运用技巧可以根据目标成果和个人的情况进行调整。我建议读者针对自己的目标成果，在运用中不断进行尝试和调整，努力设计出符合个人情况的方格笔记框架。

## 附录 A

# 方格笔记的逆旅

作者：罗誉唯[1]

我曾经是一个不做笔记的人。从小学到大学，我都没有养成做笔记的习惯，但我的学习成绩却没有因为不做笔记受到影响，我顺利地从某知名财经大学的热门专业毕业。这让我觉得，做笔记、抄板书，都是"俗人"的事情，我这样特别的人怎么能干这么俗气的事情？如果不幸干了，那一定是对读书学习的亵渎！

大学毕业之后，我来到成都，在一家日本零售企业工作。由于刚开业没几年，这里各个部门部长都是由零售业经验丰富的日本人担任的。我跟随当时的食品部金部长工作。他是一位严谨且不苟言笑的日本人，对工作十分敬业，也很有办法。

这家日本零售企业，每个星期一的早上都开销售例会。在上周星期日的下午，金部长都会为第二天的例会认真地准备会议资料。我作为食

---

[1] 罗誉唯，毕业于西南财经大学，工商管理硕士，20年企业和机关管理及培训经验。

## 方格笔记学与用

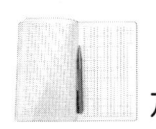

品部的"担当"(这家企业最低级的职位名称),都会在上周星期日的下午,为他收集一些数据,预先估算一些销售业绩,因此有幸看到了他制作会议资料的过程。

金部长的会议资料不多,一般只有一张 A4 复印纸。在准备会议资料之前,他都会拿出用了多年的满纸都是小格子的笔记本,然后或横向或纵向地放好,取出铅笔、签字笔和记号笔,开始写会议内容。不论在星期一的会议上,他会讲多久,他准备的内容都不会超过这一页纸。纸上有时密布文字,有时满是图表,有时画满图形,有时写着数字。在星期一早上有了一周的准确销售数据之后,我会将这一页纸,复印成若干份,以备开会使用。

金部长不懂中文,也似乎没有见他使用过英文,日常的交流都是翻译助理协助的。可是,在满纸日文的情况下,各个 DPT 的主管总能明白是什么意思,总能找到关于各自部门的内容,并做好标记。我很是诧异这样的沟通交流和培训方式。

直到年底时,我第一次接受了金部长的工作方法教导。这是一次工作任务的布置和工作方法的教导,主题是编制下一年度的销售计划。这里我要特别说明一下,这种销售计划的编制,不是把总数简单的平均分,是需要根据零售业的销售规律,将总部预估的销售业绩在种类上细分到每个 DPT 的每个商品分类,在时间上细分到下一年的每天。我是一个初出茅庐的职场新人,对那些零售业的销售规律没有太深的了解,需要金部长耐心的教导。

金部长请他的翻译助理去了卖场,独留下我在他的办公桌前。他打

附录 A
方格笔记的逆旅

开了他的那本神奇的小格子笔记本。不过，这次不是 A4 复印纸大小的本子，而是两个 A4 复印纸大小的本子。我是第一次见他使用。他拿起惯用的铅笔，写着像中文繁体字一般的日文，口里说着我听不懂的日语，标注着我熟悉的名称和商品分类编码，用箭头、圆饼、符号，我深深地被他折服。我没有因语言的障碍而茫然无措，反而因为格子纸上的严谨思维让我领会了零售业销售的秘密。当一页的格子纸布满了文字和图形，我已经对下一年食品部的销售计划有了全新的认识。我不仅可以编制好销售计划，而且可以说出为什么要如此编制，为什么相邻的两天数据差距巨大，在特定的某一天应该对应怎样的总体销售变化。

对我来说，这是一次极大的震撼，原来讲课的内容都在这一页笔记中。虽然笔记不是我自己写下的，但是真的是一页纸装下了一个智者的智慧。我对小格子笔记本的喜爱到了有点疯魔的地步。后来，我知道了，它叫作方格笔记本，而方格笔记是一种在日本流传很广的笔记方法和大脑思维整理术！

从那以后，不管我走到哪里，在学习和工作中，方格笔记成了我常用的工作方式。在后来的 MBA 学习中，尤其在我主讲的业务工作培训中，我越来越娴熟地使用方格笔记，越来越体会到方格笔记的妙用。

在我的成长岁月中，神奇的小格子笔记本绽放出神奇的光芒，引领着我的思维一次次飞跃！它如同神奇的飞毯，载着我翱翔。它也将来到你的身边，成就你的思维整理术，托起你的新梦想！

# 附录 B

# 管理者的方格笔记修炼

作者：李倩[①]

大家好，我是小倩，学习方格笔记有近三年的时间。在这三年中，方格笔记锻炼了我的大脑，拓展了我的思维，让我成长了很多。今天由我给大家带来本次分享。

首先，给大家展示我在学习方格笔记过程中做的一份课程笔记（见附图 B-1）。这是方格笔记基础班第三次的作业，也是第一次课程中思学老师讲的"运用黄金三分格式化你的大脑"课程笔记。

这份笔记确实起到了格式化大脑的效果。但初学者肯定会好奇，笔记如何浏览呢？如果是我自己做的，那我该怎样做笔记呢？

---

① 李倩是培训公司的管理者，在这三年多的时间里，持续运用方格笔记，取得了可喜的成果。现将李倩的学习总结附上，方便读者练习时参考借鉴。

附录 B
管理者的方格笔记修炼

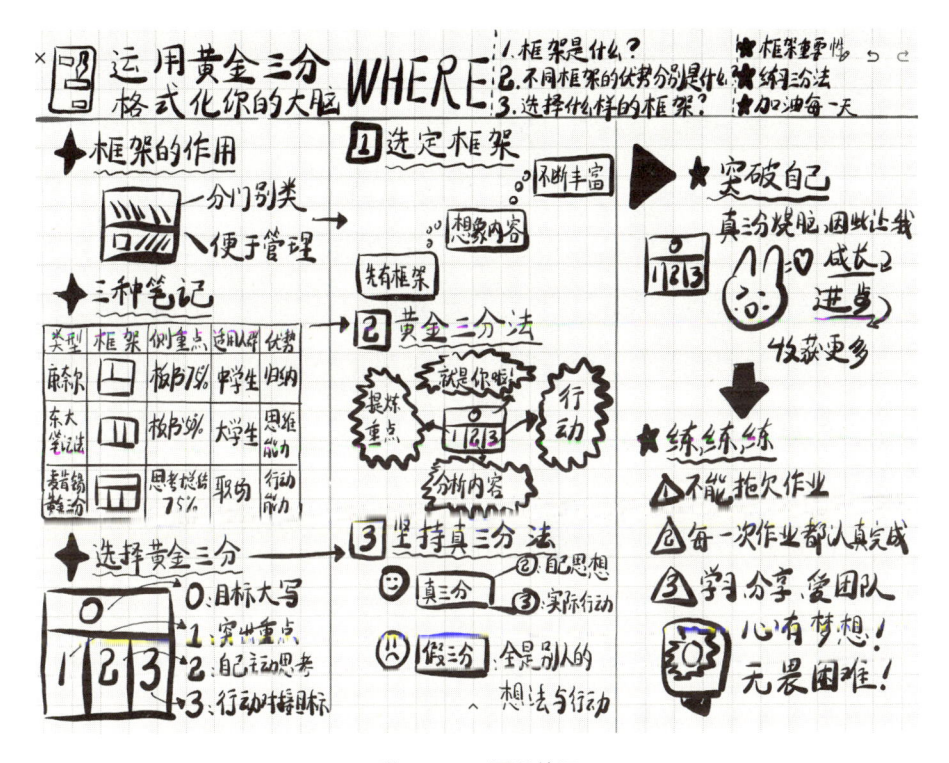

附图 B-1　课程笔记

现在我给大家介绍这张笔记的阅读方法。

首先，我们看到标题《运用黄金三分格式化你的大脑》（见附图 B-1 页眉栏），这个就是笔记的主题。我在主题的右侧写了三个问题，对应的就是事实（板书）部分内容，也就是老师讲课的课程内容。第一个问题：框架是什么？第二个问题：不同框架的优势分别是什么？第三个问题：选择什么样的框架？

从这三个问题中，我总结出三个课程重点（见附图 B-1 左栏）。

（1）框架的作用（对应的是我的第一个问题"框架是什么？"）：框架如同书架，分门别类，便于管理。

（2）三种笔记（对应的是我的第二个问题"不同框架的优势分别是什么？"）。第一种笔记类型是康奈尔笔记，它的笔记框架如图3-1所示，侧重点是75%的板书，适用于中学生，其优势是归纳、总结、思维能力。第二种笔记类型是东大笔记，它的笔记框架如图3-2所示，侧重点是50%的"发现+总结"，适用于大学生，其优势是提升思维能力。第三种笔记类型是黄金三分法笔记，它的笔记框架如图3-3所示，侧重点是75%的"思考+总结"，适用于职场人士，优势是更强大思维、产出结果行动能力。

（3）黄金三分法（对应的是我的第三个问题"选择什么样的框架？"）。我是职场人士，因此选择的是黄金三分笔记法，这就是我本次给大家展示的这幅笔记。它的优势是能提升我们的行动能力。笔记框架中的0部分目标大写，主题清晰；1部分重要总结，不重要舍弃；2部分通过别人思想，自己主动思考；3部分行动，对接我们的0部分（也就是我们的目标）；最后从0—1—2—3，再从3—0，它们之间的关系是环环相扣，严丝合缝。需要注意的是，每个部分的笔记内容，一定要按照老师教授方式来做，这样的黄金三分笔记法就是"真三分"。

看完了标题和老师的板书内容，接下来给大家分享我是如何"通过老师教的三个课程重点"做对应的思考（见附图B-1中栏）。

（1）从框架的作用→我想到了"选定框架"：先有框架，再想象内容，最后不断丰富内容（这样的方式可以帮助我厘清思路，做事情能有条不紊）。

（2）从三种笔记→我想到了黄金三分法：0部分对应的是以后我就

## 附录 B
## 管理者的方格笔记修炼

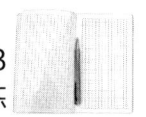

选择用黄金三分；在 1 部分我会做到提炼重点；在 2 部分我会分析内容；在 3 部分我会输出行动（这样就可以实时提醒我，正确使用黄金三分法框架笔记，不断强化自己的输出能力）。

（3）从选择黄金三分法→我想到了坚持真三分法：因为"真三分"2 部分是自己的思想、3 部分是自己的实际行动；而"假三分"全部都是别人内容与思想。因此，我会坚持用"真三分"（这样的黄金三分法笔记，会帮助我不断提升解决问题能力）。

大家已经了解到"主题—板书→思考"，最后我给大家分享"根据老师的板书和自己的思考"输出的行动（见附图 B-1 右栏）。

（1）突破自己：首先改变自己的心态，虽然"真三分"很烧脑，但是它能让我成长、进步、收获更多。于是，我做的第一个计划就是要坚持使用"黄金三分法"。

（2）练、练、练：第一个练是认真完成，保证每次不能拖欠；第二个练是作业质量，保证每次作业都认真完成；第三个练是学习输出，学的同时要多分享给团队其他人。

这份黄金三分法笔记就给大家分享完了，我在笔记的右上角总结了三个重点：框架重要性；坚持练习"真三分"；加油每一天！

以上是带大家了解如何"看"的内容，那如何"做"就很简单了，参照我笔记中的"黄金三分法"框架介绍进行练习就可以了。

在练习时，可以掌握如下小技巧：

（1）运用"黄金三分法"做学习笔记：1 部分是别人的思想；2 部分必须是自己的思想；3 部分是自己的行动。

**方格笔记学与用**

（2）运用"黄金三分法"做复盘笔记：1部分是事实的内容；2部分是对应的分析内容；3部分对应输出行动计划。

唯有练习，方可成长。相信心有梦想，无畏困难！思学平台的老师教过我："最好的学习方法，就是把学会的内容再分享给其他人，这样不仅别人会受益，而且自己会对学到的内容加深记忆与理解。"

于是，我给部门的伙伴分享了方格笔记的课程。这次课程是我在参加思学平台第三期讲师班时开发的课程，没想到这次分享，让大家对方格笔记有了很清晰的认识。部门伙伴说，方格笔记不仅可以记录总结，而且可以指向行动。最后，大家都精准努力，将它运用到工作中。我也很感谢这次分享的机会，让我再次突破自己，把学会的内容"运用思学平台的老师教的费曼学习法"做了知识输出。我坚信，只要思维被打开了，一切问题就会迎刃而解，我们的工作会越来越高效。

后来，受朋友之邀，我还做了一次外部分享，为一家健身培训机构的教练做分享，教练的学习能力很强，两小时的时间就能够记住我分享的"方格笔记0123"框架结构，甚至有的教练上台做了复盘讲解。

结构为王，行动有果。相信方格笔记会成为你思维逆袭的利器！

总结：每次的学习，须听老师的，学以致用，用以促学，不忘初心。

# 附录 C

# 方格笔记学与用®成果见证

纪念一起闪亮的日子

以学友提交学习总结报告的时间排序

**薛丽娜总结：**

第一次的作业是启动大脑大盘点。我郑重其事地确定了自己的目标——做一个高效学习法的讲师，把高效学习法分享给更多的人，让更多的孩子受益。我期待自己能够在 3 年内写 3 本书，如《青少年的方格笔记》《思维导图的教与学》《青少年的高效阅读书》。当明确目标后，我惊讶地发现自己会围绕着目标设计课程，布置作业。我会留意各种教学细节，不断反思。在对"技能提升""期待课程"做评估的过程中，我看清楚了自己的学习方向和学习内容，不再看到一些课程就有想学习和报名的冲动，不再把时间浪费在不必要的事情上或者说离目标较远的事情上。在"现实困扰""主要障碍""优势资源"做评估的过程中我学会了扬长避短，思考如何更好地利用自己的优势资源，突破短板，

## 方格笔记学与用

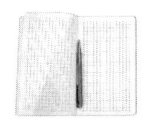

做好协调发展。世界上最遥远的距离是知道和做到之间的距离,只有扎扎实实的练习才有了可能见证奇迹!感谢思学平台的老师,利用一个月的时间,激发了我太多的思考,获益匪浅!

**许秀娟总结:**

我觉得自己最大的缺点就是不能专心致志地做一件事情,总是三心二意。再就是啥也喜欢,啥也做不好!不知道如何取舍,最终什么也完成不了!

感谢思学平台的老师这一个多月的细心指导,虽然作业完成得不好,但是收获很多!满满地期待自己能坚持到最后,实现蜕变!

**郅锦霞总结:**

人生没有如果,只有结果和后果。

路在脚下,人只有一步一个脚印地向前走,才能做最好的自己!

**魏建英总结:**

思学平台的老师说世上最遥远的距离是知道和做到之间的距离。的确,一个人从几岁就明白的道理,可能到了八十岁还做不到。而这就是我们学习成果笔记的目的,如何化知道为做到。思学平台的老师说:"让我们用一年时间来抱团,三年来等待,用一生来见证。我,等待你的绽放!"这份真诚相约天地为证,成为我一生的感动。为了我们未来取得成果,相约一起跨越世上最遥远的距离。

前两节课解决了我们系统思考的问题,系统思考才是有力量的思考。后两节课解决了我们行动上的问题,PDCA、便笺,高效的不断迭代的行动,才是我们有结果的行动。正确的方向,系统思考,有结果的高

附录 C
方格笔记学与用®成果见证

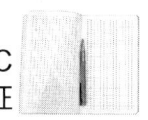

效行动，我们一定会实现目标，取得成果！

学习了一个月的成果笔记，我有了目标，有了方向，有了方法，有了信心，我一定继续努力。感谢我们相约在一起，感谢思学平台，感谢思学老师，感谢每位学友，让我们抱团继续前行，跨越世上最遥远的距离，共同实现梦想！

**刘艳滨总结：**

很久以前，参加过方格笔记学习培训。学过之后，我就把它草草地放在了一边，其原因是不会用。我深知，这是一个好东西，不会用的根本原因是自己缺少实践的演练又没有切身体会到方格笔记的精髓。因此，我一直对不能应用方格笔记心中有着一丝丝的遗憾，直到智慧蜡烛行动笔记法招生，让我内心的小火苗开始熊熊燃烧起来，而我最看重的是思学平台的老师 11 个月陪伴式成长。我相信，有名师指路的路会更好走。于是，我毫不犹豫地选择来到了这里……

人生，就是不断去攀登一个又一个的高峰！有了工具和方法，会让我们的攀登之路走得更轻松。

**李倩总结：**

时间总是过得很快，但它会给我们留下很多的惊喜。一个月的时间，4 次课程、7 次作业和每天的实战练习，让我对方格笔记爱不释手。这次的成果笔记术不同于智慧蜡烛笔记法。思学平台的老师讲智慧蜡烛笔记是锻炼我们的思维能力工具，而成果笔记是将我们的思维和行动结合在一起，起到知行合一的效果。成果笔记能够帮助我们走向成长的快车道。

## 方格笔记学与用

**高菲总结：**

一开始，我只觉得 PDCA 笔记就像平时的日程记录本，用于区分重要紧急四象限的事务，有节奏、有重点地做好那些对长远发展重要的事情。然而，在坚持做 PDCA 笔记几天之后，加之思学老师简短的提醒："注意 C 和 A 的总结。"我似有觉悟，马上做调整。于是，我体验到 PDCA 笔记对我行动的影响，这段时间我不浮躁了，稳稳地咬住目标，踏踏实实地去行动，行动后立即总结。这种及时的自我反馈是自我行动的最好指导，在行动中调整，在调整中进步。

感恩老师的悉心教导！感恩同学们的积极影响！

**方奇蓉总结：**

从 9 月 23 日第一节课开始到现在，我跟随思学平台的老师学习"成果笔记"已经有整整一个月的时间了，上了 8 节课，也就是约 8 小时的时间。这 8 小时的课程不但让我接触到以前从未接触过的知识，而且找回了学生时代的感觉，甚至使我从混沌的生活中慢慢厘清早已模糊的人生目标！这个阶段的课程让我发现了自己一遇难就逃的倾向，需要改变的地方心里清楚可是潜意识地逃避。这将是我在后面的课程和生活中予以纠正的地方。

通过这次的课程，我了解到越优秀的人越努力！有幸与一群积极上进的人为伍，期待自己蜕变得更优秀！

**周雪华（Rosy）总结：**

权衡再三，我决定不再继续拖下去：我尝试去找平衡点，可以用 PDCA 做每月、每周、每日的计划，可以用便笺纸法来做目前我手头的

# 附录 C
## 方格笔记学与用®成果见证

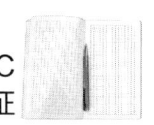

课程，可以用商业画布来做公司的运营分析……仔细回想一下，老师的4次系列课和4次公开课教会我太多的新工具，我为什么不好好利用起来呢？

想明白了这些，我不再纠结到底先做哪件重要的事，赶紧行动才是正事。我只用了十几分钟我就完成了第一张PDCA月计划，梳理完之后，目标又清晰了起来。接着，我又做了一张周计划，另补了3天的PDCA。越写越兴奋，不知不觉到了凌晨2点，我找回了学习方格笔记的状态。

**徐嘉蔚总结：**

在跟随老师的步伐中，关于"自我管理PDCA笔记法"这节课，我有意想不到的收获！我是和我家小朋友一起学习的！在听完思学平台老师的课程后，我家小朋友若有所思地说："原来我每天做的都是PDCA啊！"不过，思学平台老师的这个方法更简单明了。P计划：目标明确，让我清楚知道明天要完成的任务。D执行：让我清晰知道哪些任务是我可以完成的，哪些任务是我没完成的。C检查：哪些任务完成得最好。A改进：哪些任务完不成是什么原因造成的。小朋友让我把他单线本换成方字格！放学回来第一件事就是做计划。现在他学会了高效地利用时间！再也不用我在他旁边唠叨个没完没了！亲子关系更加融洽！我放手让他管理自己的时间！让他为自己负责……

**墨柳如烟（网名）总结：**

在断断续续的使用中，我发现与思学平台的老师最初讲的方格笔记相比，简直是飞升啊！在课程中，有些虽然是简单的小细节变化，只是简洁的工具使用，但却可以撬动大变化，甚至成就大未来，简直令我惊

## 方格笔记学与用

叹！思维利器的作用简直太重要了，思维工具的助力简直太强大了。在学习方格笔记时，老师说行动是方格笔记的出口。现在来看，对成果笔记来说，行动更是精髓所在。每天 20 分钟的 PDCA 应用带来的变化是不可思量的。我还不用起来更待何时？

我把思学平台的老师"路虽远，行则将至；事虽难，做则必成"送给了参训同事。现在，我把这句话再次送给自己。行动起来，每天应用小工具，一点一点地积累未来可期的变化。

**孙家梅总结：**

以前在思学平台上学习过方格笔记，最大的收获是格式化思维，让我在平时的工作和学习中思维清晰很多；框架感增强，思维混乱纠结的地方大大减少了。这次我非常幸运地又参加了成果笔记的学习。这次的授课，完全出乎我的意料。虽然我的作业没补完，但是我的收获颇多。

PDCA 太神奇了，让有拖延症的我找借口的难度增大了。我现在总是在想还可以利用哪些时间。另外，便笺，真的是成果笔记的最佳搭档。

总之，这次学习让我有可能实现目标。感谢思学平台提供好的学习机会。我们一起成长，一起加油！

**余梦云总结：**

我对课程非常满意，让我学习了很多的方法。这些方法就像杠杆一样，在处理事情方面，可以更加高效。我非常感谢思学平台的老师督学，让我体会到老师在教学过程中的认真与用心。

**仇文君总结：**

在 PDCA 实践过程中，孩子的作业问题成为我最头疼的问题——每天

## 附录 C
### 方格笔记学与用®成果见证

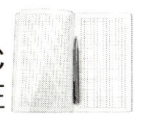

多次催促都不愿意做作业的孩子。他看到我做 PDCA，也产生了兴趣。于是，当天下午孩子放学后，我和孩子一起做了晚间 PDCA，规划晚上的时间。通过实践，孩子能够按照自己的计划进行活动，也能把控时间的长短了。

**肖艳辉总结：**

我是一位正面管教讲师，学习并实践了 4 年的正面管教却迟迟没有开课，心里总是有顾虑，担心自己不够专业、担心自己的课帮不到别人、担心我连自己的孩子都没管好，别人怎么会信任我。但我传播正面管教的心却从未动摇过。我的心情就像过山车一样，激情来了就忙着整理课件讲分享课，激情被浇了冷水就每天收拾屋子和带孩子。

GPS 和 PDCA 的作业让我找到了行动的方向，也让我快速地行动起来。在完成 5 次作业的过程中，我学会了思考，以前各种杂乱的想法整合到一起，也让我看到了希望，我对自己越来越有信心了。我相信，在思学平台的老师和团队伙伴的帮助下，我的目标一定会实现。

**姜玉总结：**

我在思学平台导读《高效能人士的七个习惯》《要事第一》这两本书时，刻意地运用了方格笔记的方法阅读全书，一共做了 27 篇读书笔记，结果惊奇地发现，读书方法的改变竟然带来了思考方式的改变。我运用方格笔记很好地将书中的知识转化为自己的知识，并指导和监督我将学到的知识付诸到行动之中。

在阅读的同时认真做方格笔记，我逐步体会到读书本身不是目的，不是读书越多收获就越多，而是从书中得出属于自己的深度思考和独特

## 方格笔记学与用

判断，进而引发独立行动，这才是真正会读书的人应该有的做法。

**郑少君总结：**

我是方格笔记第九期的学员，学习期间虽然完成了 100 篇方格笔记的训练目标，但是随后没有把学习所得充分运用起来，故想回炉再造，以进一步训练方格笔记思维。

启动。万事开头难，由于各种原因，课后作业迟迟没有开始。感谢思学平台的老师的鼓励和支持。我开始提炼目标，将随后两年工作之余目标定位为：掌握更多的养生知识。我将目标细化，日常践行，分成三大板块。

行动。借用思学平台的老师在这次课程里新授的方法——PDCA，沿着作战图规划时间，将日常工作条理化。例如，做早餐期间轻运动，在上班路上、晚餐后、睡觉前听课，白天空隙时间及下班路上分享微课。

收获。想万遍不如做一遍。以终为始，目标引领，我将 PDCA 融于日常，有时感觉像做流水账，但将"C"部分做好，不断拓展思维，改变习惯，也大有收益。我没有按照课程中的头脑风暴及便笺要求训练，而是结合自己在用的"每日三件事""事务清单"，尽力打磨"C"部分，逐步提高效率，朝目标前进。

# 后记

# 中国味道的笔记体系

作为本书的作者,对读者能够阅读这本书,我感到非常荣幸。我写本书的初心,就是帮助读者和读者的团队提高工作效率。对忙碌的职场人士来说,这是一本能够提高工作效率的指导书;对企业管理者来说,这是一本能够加速人才培养速度的操作书。

这本书系统地介绍了快速且高质量学习和工作的加速器——方格笔记。这是一本为了帮助大家更快、更好地取得工作成果而写的笔记宝典。

## 不动笔墨不读书

如何才能学得更轻松、更有成果?

在学生时代,我对如何高效学习的问题,虽然有初步的认识,但却没有清晰的答案。直到 30 岁以后,当我两次专程到岳麓书院参观和学习,看到书院"读书必须过笔"的启示,我才逐渐意识到自己学习和工

## 方格笔记学与用

作效能不高的原因在于自己没有系统的笔记方法。

2000年，大学毕业后，我应聘到一家知名的经济学媒体担任责任编辑。某年酷夏，我陪同湖南一位经济学者到都江堰避暑和研讨。当参观完水利工程的主体之后，我们就到岸边的茶馆休息。在休息时，老先生看到我在认真阅读经济学家张五常的《经济解释》论文集，却动眼不动手，于是好心地提醒我："你看书怎么不做笔记呢？"我当时年轻气盛，有些得意地回复老先生："我读书从来不做笔记。"我记得当时老先生眼神复杂地看着我，笑了一笑，没有再继续这个话题。

后来，在我十年的高校教学生涯中，也只是在特别需要的时候零星地做过一些笔记，并没有养成做笔记的习惯，更不要说形成科学的笔记体系了。

这样的情况一直延续到2014年，当时我读到一本《聪明人用方格笔记本》的书，书中全新阐述了麦肯锡笔记术，启发了我重新审视自己的学习方法，特别是不做笔记的习惯带来的缺憾。以阅读此书为契机，我对笔记术产生了浓厚的兴趣。在兴趣的驱使下，我阅读了国内外至少100本与笔记有关的书籍，并做了大量的总结和笔记。经过潜心研究后，我得出一个重要的结论：笔记就是人生该有的样子。

反思我多年的经历，这才发现过去自己曾努力地学习，看了许多的经典书籍，学了很多的知识，研究了不少关于思维的技巧，人生却没有很大的改变，问题就在笔记上。不动笔墨不读书，这是古训，也是重要的阅读技巧。笔记是提炼重点、激发灵感、促进行动的有力武器。笔记是思维的整理术，也是人生的整理术。换句话说，改变做笔记的方法，

# 后记
## 中国味道的笔记体系

形成科学的笔记体系，可以激发灵感，促进行动，甚至可以改变人生。

与此同时，我也发现，多数人和原来的我一样，不知道做笔记的重要性，更不要说经过科学系统的方格笔记训练了。多数人的情况和曾经的我也有所不同，不是不做笔记的问题，而是不知道怎样做有价值的笔记。我们每天都在用错误的笔记方法，导致不断重复低效的学习方法，结果不但浪费了时间，而且让好奇心和对知识的兴趣消耗殆尽，效果甚至还不如当年只动脑不动手的学习方法。

很多人对笔记方法的傲慢和偏见，其实正深深地影响着他们的工作和生活。然而，多数人对这样的现实却熟视无睹，毫无察觉。

## 加速学习的好工具

方格笔记是学习的好工具。

方格笔记是个人逆袭人生的秘密武器。在学生时代，学生运用方格笔记，既可以快速、有序地对课堂内容进行整理，方便记忆，又可以提升独立思考能力和行动能力。当步入职场之后，这些能力可以帮助职场人士解决工作上的难题，为企业创造价值。只有掌握高效的笔记方法，职场人士才能在职场快速地总结经验教训，才能实现快速的进步和发展。没有经过笔记训练的职场人士，特别是没有养成在日常的工作和生活中使用方格笔记习惯的职场人士，思维能力和行动能力难以得到精准有效的专门训练。

方格笔记是企业应对竞争的好工具。正如管理大师彼得·圣吉在

## 方格笔记学与用

《第五项修炼》所言：企业的员工可能被竞争对手挖走，技术也可能被抄袭，而团队的学习能力，才是 21 世纪企业的核心竞争力。要提升团队的学习能力，其中笔记方法是一种提升企业员工学习能力的法宝。很多企业每年花大量的资金对员工进行各种培训，但很多培训未能给企业带来多少绩效和成果。如果企业能从整体上升级团队的笔记方法，使用能够产生灵感甚至促成行动、创造价值的笔记方法，那对企业来说，就是价值千金、应对竞争的法宝。

从某个角度来说，方格笔记是国家提高竞争力的利器。100 多年前，思想家梁启超在《李鸿章传》中指出，"今日世界之竞争，不在国家，而在国民"。应该说，直到今天，这句话仍然没有过时。美国、欧洲、日本的发达与其高水平教育培养出的人才有直接的关系。那是什么促成了这些国家教育质量的提升？笔记方法是其中的一个重要原因。这些国家或地区都有独特的笔记方法，目前已经逐渐开始在全球范围内流行的笔记方法有美国的康奈尔笔记法、麦肯锡笔记法，英国的思维导图，日本的东京大学笔记法。但是，中国特色的笔记法在哪里？

中国的企业日益国际化，迫切需要有大量能"走出去"并快速适应陌生环境的人才。这样的人才，除了出国前专门接受有针对性的训练，更需要在平日的工作中通过不断拓展思维以提升自己的能力。方格笔记，是可以随时磨炼意志和获得创意的工具。

无论是个人还是企业，都面临着过去的笔记方法不能满足现实需要的难题，面临着个人和团队的学习方法、工作方法升级的紧迫要求。

中国特色的方格笔记，到底在哪里？

后记
中国味道的笔记体系

## ✏️ 方格魔法诞生记

为了研发中国特色的方格笔记,我认真研读了来自世界各地的笔记书籍,做了大量的研究和笔记,也参加了不少课程的学习。随着研究和实践的不断深入,逐渐形成了我原创的方格笔记体系。

为了研究、运用、推广有效的学习方法,我在2015年5月27日建立"思学学与练学习社群"(简称思学平台),经过不断的发展,形成了以思维导图和方格笔记为核心的课程体系,并逐渐汇集了很多志同道合的伙伴。

"呦呦鹿鸣,寻其友声。"经过5年多的时间,我身边汇集了很多的高效能学习方法的研究者和实践者。

我们一起努力,群策群力,花费大量的时间和心血,一起为中国学校、老师和孩子们写了关于思维导图教学参考书《思维导图学与用》,也在创作方格笔记系列书籍。

为了很好地宣传和运用方格笔记,我注册了方格魔法®、智慧蜡烛®、学与用®、成果笔记术®等方格笔记有关的商标。

思学团队所有的努力,就是希望能让中国的孩子们和职场人士学得更轻松,学得更有效率,学得更有成果。

这是我的初心,也是思学团队老师们的初心。

作为思学学习社群的特色课程,方格笔记课程在2015年12月开始筹备,经过近一年时间的研发和打磨,于2016年11月推出第一期训练

方格笔记学与用

班，经过不断的打磨和优化，课程逐渐成体系，学友们反馈的收获越来越多，这极大地增强了我们的信心。

案例 1：学友 W 是一位政协委员，学习方格笔记之后，他计划将方格笔记做进提案，让县城的中小学学生都运用方格笔记以提高学习效率。

案例 2：学友 X 参加党代会，在会场的随堂记录使用方格笔记，由于笔记既新颖又科学，受到媒体广泛的报道。

案例 3：学友 L 将方格笔记运用于教学中，学生运用方格笔记之后，想象力和学习成绩都有了极大的提升……

这一系列的事实让我们备受鼓舞，又感觉责任重大，使命光荣。

经过长时间的探索，在不断实践的基础上，我开始写本书。本书的写作目的主要有三点：首先，我希望为社会提供一本靠谱的方格笔记启蒙书；其次，我希望为职场人士和企业提供一本提高笔记水平的参考书；最后，我希望为中国的企业、学校和个人提供一本方格笔记教材，助力中国"智"造。

## 即济未济待硕果

方格笔记，是帮助大家更好地思考和行动的笔记；方格笔记是能创造成果的笔记。

2015 年之后，我和思学平台团队的伙伴，陆续研发了"方格笔记"课程的 1.0 版本、2.0 版本。当时，我们研发方格笔记课程的目标是帮助

# 后记
## 中国味道的笔记体系

职场人士解决系统思考的问题，帮助企业管理者培养真正会动脑、会系统思考的人才。

直到 2019 年 9 月，我对方格笔记进一步升级，这就是 3.0 版本的方格笔记体系。

3.0 版本的方格笔记体系，在吸收了前面两个版本精华的同时，汲取了企业管理中质量改进的系统经验，成为能取得行动结果的笔记体系，是帮助企业管理者培养真正"能想会做"的人才的笔记系统。

3.0 版本的方格笔记体系，重点在行动，更精准的说法，是系统思考之下持续的行为改进。

由"能想"的方格笔记到"能想能做"的方格笔记，从"有道理"的方格笔记进化到"有成果"的方格笔记，其实是笔记理念和笔记方法的飞跃。

此次方格笔记体系的升级，对我的意义来说，如同唐僧西行求法。

由 1.0 版本、2.0 版本到 3.0 版本升级，方格笔记体系的重心由逻辑思维转移到逻辑行为。思学平台原创的方格笔记体系真正成熟。

行文至此，本书已接近尾声。

写本书，是思学团队探索方格笔记旅程的一次总结。

随着本书的公开出版，相信会有更多的读者尝试运用方格笔记，更多单位和个人将会享受到方格笔记带来的丰硕成果。

在"中国梦"的逐梦历程中，中国日新月异的快速发展，为我们实践方格笔记的方法，提供了广阔的舞台，也会为大家提供更多的实践灵感。

方格笔记会随着更多读者的实践和运用，更加完善。

### 方格笔记学与用

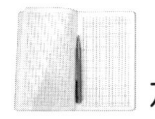

期待大家反馈自己学习、运用方格笔记的心得和案例，希望本书的下一个版本，能看到你贡献的案例和反馈。

每个不曾起舞的日子，都是对生命的辜负。

不说再见。

我们相约，一起运用方格笔记，磨砺出最好的自己。

我们相约，一起运用方格笔记，挖掘团队的最大潜力。

我们相约，一起运用方格笔记，飞驰向梦想的彼岸！